D1655396

C. H. BECK'SCHE VERLAGSBUCHHANDLUNG
MÜNCHEN 1998

Die verfassungsrechtliche Stellung der Deutschen Welle

Rechtsgutachten im Auftrag der Deutschen Welle

The constitutional status of Deutsche Welle

Legal report on behalf of Deutsche Welle

von/by

Professor Dr. Dieter Dörr

Lehrstuhl für Öffentliches Recht einschließlich Völker- und Europarecht
an der Johannes Gutenberg-Universität Mainz
Chair in Public Law including International and European Law
at the Johannes Gutenberg University in Mainz

C. H. BECK'SCHE VERLAGSBUCHHANDLUNG
MÜNCHEN 1998

ISSN 0588-3369
ISBN 3406435165

© C. H. Beck'sche Verlagsbuchhandlung (Oscar Beck), München
Druck: C. H. Beck'sche Buchdruckerei, Nördlingen

Die verfassungsrechtliche Stellung der Deutschen Welle

Rechtsgutachten

im Auftrag der Deutschen Welle
Raderberggürtel 50, 50968 Köln

erstellt von

PROFESSOR DR. DIETER DÖRR

Lehrstuhl für Öffentliches Recht einschließlich
Völker- und Europarecht an der Johannes Gutenberg-Universtität Mainz

Dezember 1996

Vorwort

von Dieter Weirich, Intendant der Deutschen Welle

Die Deutsche Welle als deutsche öffentlich-rechtliche Auslandsrundfunkanstalt hat in den vergangenen Jahren sowohl national als auch international an Bedeutung gewonnen. Dies mag zum einen mit den Veränderungen aufgrund der Wiedervereinigung Deutschlands, zum anderen aber auch mit der fortschreitenden Globalisierung der Medien insgesamt zusammenhängen.

Das vorliegende Gutachten verdeutlicht die Position der Deutschen Welle im medienrechtlichen Gefüge in Deutschland. Als Bestandteil der verfassungsrechtlich garantierten Rundfunkfreiheit stellt die Deutsche Welle ein Element der Meinungs- und Informationsfreiheit dar, das für eine funktionierende Demokratie unerläßlich ist. Vor diesem verfassungsrechtlichen Hintergrund wird klargestellt, daß es sich bei der Tätigkeit der Deutschen Welle um autonomen Rundfunk und nicht um regierungsamtliche Öffentlichkeitsarbeit handelt.

Mein besonderer Dank gilt Herrn Prof. Dr. Dieter Dörr, der sich bereit erklärt hat, das vorliegende Gutachten anzufertigen. Ebenfalls besonderen Dank schulde ich Herrn Prof. Dr. Dres. h.c. Klaus Stern für die Aufnahme des Gutachtens in die Schriftenreihe des Instituts für Rundfunkrecht an der Universität zu Köln.

Köln, im Juli 1997   Dieter Weirich

Inhaltsverzeichnis

I. Einleitung 11
II. Der Entwurf des Gesetzes über den deutschen Auslandsrundfunk vom 22. 5. 1996 14
   1. Allgemeines 14
   2. Die Finanzierungsregelungen 15
   3. Die Regelungen über die Zusammensetzung von Rundfunk- und Verwaltungsrat 16
   4. Die Regelungen über Produktionen, Programmabgaben und Unternehmensbeteiligungen 16
III. Die Kompetenzen des Bundes im Bereich des Auslandsrundfunks 18
   1. Das erste Fernsehurteil 18
   2. Die Problematik des Deutschlandfunks 19
   3. Die Gesetzgebungskompetenz des Bundes für den Auslandsrundfunk 20
   4. Die Verwaltungskompetenz des Bundes für den Auslandsrundfunk 22
IV. Der Auslandsrundfunk und das Grundrecht der Rundfunkfreiheit 25
   1. Einleitung 25
   2. Auslandsrundfunk und Öffentlichkeitsarbeit 26
   3. Die Anwendbarkeit der Rundfunkfreiheit auf die Deutsche Welle nach Art. 19 Abs. 3 GG 30
      a) Allgemeines 30
      b) Die Rundfunkfreiheit als dienende Freiheit 31
      c) Die Grundrechtsfähigkeit der Deutschen Welle und der auslandsbezogene Programmauftrag 32
         aa) Der Einfluß auf die innerstaatliche Willensbildung 32
         bb) Die Grundrechtsbindung bezüglich der Auswirkungen im Ausland 35
   4. Zusammenfassung 40
V. Die Autonomie der Deutschen Welle und das Grundrecht der Rundfunkfreiheit 42
   1. Allgemeines 42
   2. Das Verbot staatlicher Eigenbetätigung im Rundfunkbereich ... 43

3. Die innere Organisation der Deutschen Welle und der Grundsatz der Staatsferne 45
   a) Die Besetzung des Rundfunkrates 46
   b) Die Besetzung des Verwaltungsrates 48
   c) Ergebnis 50

VI. Die Aufgaben der Deutschen Welle und die Rundfunkfreiheit 51
1. Allgemeines 51
2. Die Aufgaben der Deutschen Welle und die Grundversorgung 52
3. Die Aufgaben der Deutschen Welle und die Programmautonomie 53

VII. Die Finanzierung der Deutschen Welle und die Rundfunkfreiheit 58
1. Der Anspruch auf funktionsgerechte Finanzausstattung 58
2. Das Verfahren der Finanzausstattung 60
3. Die Regelungen über die Finanzierung der deutschen Welle in §§ 43 ff. DWG-Entwurf 62
4. Ergebnis 66

VIII. Die Regelung über die Haushaltsführung im DWG-Entwurf 67

IX. Zusammenfassung 69

I. Einleitung

Die Deutsche Welle wurde im Jahr 1960 durch das Bundesrundfunkgesetz[1] (BRfG) als die deutsche öffentlich-rechtliche Auslandsrundfunkanstalt gegründet. Sie hatte zunächst den Auftrag, sich über die Grenzen Deutschlands hinaus an die Hörer in aller Welt zu wenden, um sie über Ereignisse, Entwicklungen und Auffassungen in Deutschland zu informieren, sowie über internationale Vorgänge zu berichten. Seit Anfang der achtziger Jahre ist neben den Hörfunk auch das Fernsehen getreten, allerdings bis 1992 nur durch die Weitergabe von auf Kassetten aufgezeichneten Sendungen an ausländische Sender. Die Deutsche Welle wendet sich heute also auch an Seher in aller Welt. Das Sendegebiet der Deutschen Welle ist im Gegensatz zu den anderen öffentlich-rechtlichen Rundfunkanstalten gerade das Ausland, so daß die Deutsche Welle als Auslandsrundfunkanstalt zur Darstellung Deutschlands in der Welt bezeichnet werden kann.

Schon die Wiedervereinigung Deutschlands bedingte eine Neuordnung des Rundfunkwesens der Bundesrepublik Deutschland auch für die Bundesrundfunkanstalten. Zunächst ist darauf hinzuweisen, daß durch die friedliche Revolution in der ehemaligen DDR und die nachfolgende Herstellung der deutschen Einheit das weltweite Interesse an dem Geschehen in Deutschland ganz erheblich angestiegen ist. Hinzu kommt aber auch und vor allem, daß sich der Auftrag der bisherigen Rundfunkanstalt Deutschlandfunk (DLF), die gleichfalls durch das BRfG errichtet wurde und vornehmlich die Menschen in der DDR mit Hörfunk zu versorgen hatte, durch die deutsche Einheit erledigte. An die Stelle des Deutschlandfunks (DLF) ist das Deutschlandradio getreten, das die Länder durch den Staatsvertrag über die Körperschaft des öffentlichen Rechts Deutschlandradio vom 17. Juni 1993[2] gegründet haben.

Auf der Grundlage des Staatsvertrages zwischen der Bundesrepublik Deutschland und den Ländern über die Überleitung von Rechten und Pflichten des Deutschlandfunks und des RIAS Berlin auf die Körperschaft des öffentlichen Rechts Deutschlandradio (Hörfunk-Überleitungsstaatsvertrag) vom 17. Juni 1993[3] wurden die Rechte und Pflichten der früheren Bundesrundfunkanstalt DLF und des Rundfunks im amerikanischen Sektor von Berlin (RIAS Berlin), dessen Grundlage ebenfalls durch die deutsche

---

[1] Gesetz über die Errichtung von Rundfunkanstalten des Bundesrechts vom 29. 11. 1960, BGBl. 1960 I, 862, zuletzt geändert durch Gesetz vom 20. 12. 1993, BGBl. 1993 I, 2246.
[2] Vgl. etwa BayGVBl. 1993, 1007 ff.
[3] Vgl. etwa BayGVBl. 1993, 1017 ff.

Einheit entfallen war, auf diese Körperschaft des öffentlichen Rechts mit dem Namen Deutschlandradio übergeleitet.[4] Durch diese Entwicklung ist nur noch die Deutsche Welle als Bundesrundfunkanstalt verblieben. Ihr Aufgabenbereich hat nicht nur durch das gestiegene Interesse an dem Geschehen in Deutschland, sondern auch durch die weltweiten Veränderungen der Mediennutzungsgewohnheiten erheblich zugenommen. So ist das Fernsehen das wichtigste Informationsmittel geworden. Die Deutsche Welle, die früher nur Hörfunksendungen in 34 verschiedenen Sprachen veranstaltete, die regelmäßig über Kurzwelle rund um den Globus übertragen wurden, hat diese Entwicklung aufgegriffen. Dies wurde ihr dadurch ermöglicht, daß im Zuge der durch die deutsche Einheit bedingten Neuordnung der Rundfunklandschaft der Sender RIAS Berlin – wie bereits erwähnt – aufgelöst und dabei der frühere Betriebsteil RIAS-TV der Deutschen Welle eingegliedert wurde. Daher veranstaltet die Deutsche Welle bereits seit Mai 1992 durch die neue Fernsehdirektion Berlin neben ihren Hörfunkprogrammen zusätzlich ein Fernsehprogramm, das über unterschiedliche Satelliten weltweit verbreitet wird. Die Darstellung Deutschlands erfolgt durch diese hinzugekommene aktuelle Fernsehberichterstattung umfassender und viel intensiver.

Die Veränderungen, die die Wiedervereinigung Deutschlands mit sich gebracht haben, aber auch die wachsende Bedeutung der Deutschen Welle infolge der Herstellung der deutschen Einheit und der weltweiten Umstellungen der Mediennutzungsgewohnheiten, haben bereits in der vergangenen Legislaturperiode zu dem Versuch geführt, die Deutsche Welle auf eine neue rechtliche Grundlage zu stellen und das bislang geltende BRfG abzulösen. So wurde schon in der vergangenen Legislaturperiode im Bundestag das Gesetz über den deutschen Auslandsrundfunk durch Gesetzesbeschluß vom 16. Juni 1994[5] verabschiedet. Allerdings rief der Bundesrat nach der Zuleitung des Gesetzesbeschlusses den Vermittlungsausschuß an.[6] In dieser Phase blieb das Gesetzgebungsverfahren endgültig stehen; ein Gesetz über den deutschen Auslandsrundfunk kam in der vergangenen Legislaturperiode nicht mehr zustande.

Nunmehr ist das Gesetz im neuen Bundestag erneut eingebracht worden und steht zur Verabschiedung an. Der Gesetzesentwurf über den deutschen Auslandsrundfunk vom 22. 5. 1996 sieht vor, daß die Deutsche Welle eine rechtsfähige, mit dem Recht der Selbstverwaltung ausgestattete gemeinnützige Anstalt des öffentlichen Rechts ist. Auch die Finanzierung der Deutschen Welle wird auf eine neue rechtliche Grundlage gestellt. Schließlich belegen Inhalt und Begründung des Gesetzesentwurfs, daß die Entwurfsverfasser davon ausgehen, daß der Deutschen Welle das Grundrecht der

---

[4] Vgl. dazu Hartstein/Ring/Kreile/Dörr/Stettner, Rundfunkstaatsvertrag, 2. Aufl., vor § 10 Rdnr. 23 ff.
[5] Vgl. BRats-Drs. 577/94 vom 8. 7. 1994.
[6] Vgl. BRats-Drs. 577/94.

Rundfunkfreiheit zustehe, also Art. 5 Abs. 1 Satz 2 GG gem. Art. 19 Abs. 3 GG seinem Wesen nach auf diese öffentlich-rechtliche Anstalt anwendbar sei.[7]

Angesichts all dieser Entwicklungen ist es überraschend, daß bisher die verfassungsrechtliche Stellung der Deutschen Welle noch nicht umfassend untersucht worden ist. Zwar sind in jüngster Zeit beachtliche Abhandlungen zu der Frage erschienen, ob und inwieweit sich die Deutsche Welle auf die Rundfunkfreiheit berufen kann.[8] Es fehlen aber Darstellungen, die sich mit dem Status der Deutschen Welle insgesamt grundlegend befassen; dies ist angesichts der beachtlichen rundfunkrechtlichen Literatur, die sich auch mit dem Deutschlandfunk[9] und neuerdings mit dem Deutschlandradio[10] intensiv beschäftigt hat, durchaus verwunderlich. Gerade das nunmehr zur Verabschiedung anstehende Bundesgesetz bietet Anlaß, die grundlegenden Fragen, die den Status der Deutschen Welle betreffen und größtenteils nicht endgültig geklärt sind, eingehend zu beleuchten. Dies gilt schon für die Problematik, ob und inwieweit eine Zuständigkeit des Bundes für den Auslandsrundfunk besteht. Darüber hinaus spielt die Kontroverse darüber, ob die Deutsche Welle mit ihren Auslandssendungen den Schutz der Rundfunkfreiheit genießt, eine entscheidende Rolle. Aus der Beantwortung dieser Frage ergeben sich Konsequenzen für die Programmautonomie der Deutschen Welle im Hinblick auf den Grundsatz der Staatsfreiheit, ihre innere Organisation, ihre Finanzierung und ihren Funktionsbereich. Mit der vorliegenden Abhandlung soll der Versuch unternommen werden, diese Problemstellungen einer Lösung zuzuführen. Immerhin ergeben sich aus den Antworten auf die angesprochenen Grundfragen wichtige Konsequenzen für den Gesetzgeber. Er muß das neue Gesetz, das die Aufgabenstellung, die Organisation und die Finanzierung der Deutschen Welle im einzelnen regelt, in einer Weise ausgestalten, die den verfassungsrechtlichen Vorgaben entspricht.

---

[7] Vgl. zu dem Inhalt des Gesetzesentwurfs im einzelnen unten II.
[8] Vgl. etwa Cremer, Die Reform der Deutschen Welle und die Rundfunkfreiheit, ZUM 1995, 674 ff.; Niepalla, Rundfunkfreiheit für die Deutsche Welle?, ZUM 1993, 109 ff.; Puhl, Grundrechtsschutz, Bestandsgarantie und Finanzierungsanspruch der Bundesrundfunkanstalten, DVBl. 1992, 933 ff.
[9] Vgl. etwa Lerche, Zum Kompetenzbereich des Deutschlandfunks, 1963; Ossenbühl, Rundfunkfreiheit und Finanzautonomie des Deutschlandfunks, 1969.
[10] Vgl. Lerche, Rechtsgutachtliche Erwägungen zur Verwirklichung des Beschlusses der Regierungschefs der Länder vom 4. 7. 1991 (Nationaler Hörfunk), 1991, S. 39 ff.; ders., Das Verhältnis der „Körperschaftsmodelle zur Anstaltskonzeption" in verfassungsrechtlicher und rechtspolitischer Betrachtung – zur Diskussion um die Organisation des Nationalen Hörfunks, 1992; Bethge, Die verfassungsrechtliche Position von Deutschlandradio in der dualen Rundfunkordnung, 1996.

II. Der Entwurf des Gesetzes über den deutschen Auslandsrundfunk vom 22. 5. 1996

1. Allgemeines

Die Bundesregierung hat einen Gesetzesentwurf über den deutschen Auslandsrundfunk beschlossen und in den Bundestag eingebracht.[11] Dieser Entwurf eines Gesetzes über den deutschen Auslandsrundfunk soll ausweislich der Begründung dem Umstand Rechnung tragen, daß nach der Überleitung des Deutschlandfunks in die Zuständigkeit der Länder, der Deutschen Welle als einzigen deutschen Auslandsrundfunkveranstalter eine exponierte Stellung zukommt und auch dem Bedeutungszuwachs der Deutschen Welle Rechnung tragen, der dadurch entstanden ist, daß sie seit Mai 1992 auch ein Fernsehprogramm veranstaltet, das über Satelliten weltweit verbreitet wird. Schließlich soll das Gesetz über den deutschen Auslandsrundfunk auch Rechtsunsicherheiten beseitigen, die dadurch entstanden seien, daß das geltende Gesetz keine Regelungen über die Finanzierung der Anstalt enthalte.

Das Kernstück des Entwurfs eines Gesetzes über den deutschen Auslandsrundfunk bildet Art. 1, nämlich das Gesetz über die Rundfunkanstalt des Bundesrechts „Deutsche Welle" (DW-Gesetz). Nach den Regelungen des DWG-Entwurfes ist die Deutsche Welle eine gemeinnützige Anstalt des öffentlichen Rechts mit eigener Rechtsfähigkeit und einem Recht auf Selbstverwaltung. Die Aufgabe der Deutschen Welle besteht nach dem Gesetzesentwurf darin, Rundfunk (Hörfunk und Fernsehen) für das Ausland zu veranstalten. Im Rahmen ihres besonderen Programmauftrages, der nach § 4 des Entwurfs darin besteht, ein umfassendes Bild des politischen, kulturellen und wirtschaftlichen Lebens in Deutschland zu vermitteln, einen objektiven Überblick über das Weltgeschehen zu geben und die Reaktionen der Öffentlichkeit sowie der wesentlichen staatlichen und gesellschaftlichen Kräfte in Deutschland auf diese Ereignisse darzustellen, wird die Programmautonomie der Deutschen Welle anerkannt. Die Vorschriften der §§ 9, 10 des Entwurfs sollen die Werbung und das Sponsern von Sendungen ausdrücklich zulassen. Die Gesamtdauer der Werbung darf nach dem Entwurf im Fernsehprogramm der Deutschen Welle höchstens 20 Minuten werktäglich im Jahresdurchschnitt betragen.

---

[11] Vgl. Drs. 13/4708.

2. Die Finanzierungsregelungen

Der Entwurf sieht auch Regelungen über die Finanzierung der Deutschen Welle vor. Dabei legt § 43 DWG-Entwurf als Grundsatz fest, daß der Deutschen Welle die Finanzierung derjenigen Programme ermöglicht wird, deren Veranstaltung zur Wahrnehmung ihres gesetzlichen Programmauftrags unter Berücksichtigung der rundfunktechnischen Entwicklung erforderlich ist.

Dies soll in der Weise geschehen, daß die Deutsche Welle einen jährlichen Zuschuß des Bundes neben ihren sonstigen Einnahmen erhält. Die Höhe dieses Zuschusses soll sich nach dem Haushaltsgesetz des Bundes und dem Haushaltsplan der Deutschen Welle bestimmen. Dabei werden die Einnahmen der Deutschen Welle aufgrund von Werbung jeweils zur Hälfte auf den Zuschuß des Bundes angerechnet. Andere eigene Einnahmen sollen auf den Zuschuß des Bundes nicht angerechnet werden. Ergänzend dazu sieht § 45 DWG-Entwurf vor, daß die Deutsche Welle grundsätzlich in ihrer Haushaltswirtschaft selbständig ist.

Nach der Begründung besteht der Zweck dieser Regelungen über den Status, die Aufgaben und die Finanzierung der Deutschen Welle darin, die in Art. 5 Abs. 1 Satz 2 GG verankerte Freiheit von staatlicher Beeinflussung auch für die Deutsche Welle durch eine entsprechende normative Ausgestaltung festzuschreiben. Die Rundfunkfreiheit der Deutschen Welle sei nur gewährleistet, wenn die Programme auch finanziell gesichert seien. Daraus ergebe sich für die Deutsche Welle gegenüber dem Bund ein finanzieller Gewährleistungsanspruch.[12]

In seiner Stellungnahme zu dem Gesetzentwurf hat der Bundesrat angeregt, § 44 Abs. 2 DWG durch einen Satz 2 zu ergänzen. Dieser solle festlegen, daß der Zuschuß als Globalbetrag im Wege der Globalfinanzierung gewährt werde.[13] Die Bundesregierung hat in ihrer Gegenäußerung diesen Vorschlag mit der Begründung abgelehnt, daß eine Globalfinanzierung zu einer unangemessenen Einschränkung des Budgetrechts des Parlaments führen könnte. Dagegen brächten die von der Bundesregierung vorgeschlagenen Finanzierungsregelungen die aus Art. 5 GG folgenden Rechte der Deutschen Welle und das ebenfalls mit Verfassungsrang ausgestattete Budgetrecht des Parlaments in einen angemessenen Ausgleich.[14]

Schließlich sieht § 55 DWG-Entwurf vor, daß die Deutsche Welle einer umfassenden Kontrolle des Bundesrechnungshofs unterliegt. Insoweit wird § 111 BHO insgesamt für entsprechend anwendbar erklärt. Damit finden auch die Vorschriften der §§ 89–99, 102, 103 BHO entsprechende Anwendung. Somit bestehen deutliche Unterschiede zu der Rechtslage bei einzelnen Landesrundfunkanstalten. Für diese wird die entsprechende Regelung

---
[12] Vgl. Drs. 13/4708, S. 21 II A 1 und S. 30, zu § 43.
[13] Vgl. Drs. 13/4708, S. 40, 9.
[14] Vgl. Drs. 13/4708, S. 42, zu Nummer 9.

in den jeweiligen Landeshaushaltsordnungen nur eingeschränkt für anwendbar erklärt, um keine Prüfung am Maßstab haushaltsrechtlicher Regelungen herbeizuführen. Eine solche Prüfung paßt nach Meinung dieser Gesetzgeber nicht für staatsfreie Rundfunkanstalten.[15]

3. Die Regelungen über die Zusammensetzung von Rundfunk- und Verwaltungsrat

Darüber hinaus sieht der Entwurf eine deutliche Veränderung der Größe und der Besetzung des Rundfunkrats der Deutschen Welle vor. So soll die Zahl der Mitglieder des Rundfunkrates nach § 30 DWG-Entwurf von derzeit 17 auf 30 erhöht werden. Wie die Begründung selbst einräumt, soll auch der Anteil der Vertreter staatlicher Stellen im Rundfunkrat erhöht werden. So sollen der Bundestag und der Bundesrat jeweils 4 Mitglieder und die Bundesregierung 5 Mitglieder in den Rundfunkrat entsenden, so daß 13 von 30 Vertretern dem staatlichen Bereich zuzurechnen sind, was ausweislich der Begründung einen Anteil von 43,33% gegenüber 41,17% nach dem noch geltenden § 3 BRfG bedeutet.

Ergänzend sieht § 35 DWG-Entwurf vor, die Zahl der Mitglieder des Verwaltungsrates von 7 auf 9 zu erhöhen. Innerhalb des Verwaltungsrates sollen jeweils 1 Mitglied vom Deutschen Bundestag und vom Bundesrat sowie 2 von der Bundesregierung gewählt bzw. ernannt werden. Lediglich 5 Mitglieder des Verwaltungsrats sollen vom Rundfunkrat gewählt werden. Im Gegensatz zur noch geltenden Rechtslage ist keine Quote mehr für die Vertreter aus den Bereichen Kunst, Kultur und Wissenschaft vorgegeben.

In seiner Stellungnahme hat der Bundesrat vorgeschlagen, es bei 17 Rundfunkratsmitgliedern zu belassen und je 2 Mitglieder des Rundfunkrats vom Deutschen Bundestag und vom Bundesrat zu wählen, sowie 3 Mitglieder von der Bundesregierung zu benennen.[16] In ihrer Gegenäußerung hat die Bundesregierung diesen Vorschlag zurückgewiesen und an dem Vorhaben festgehalten, die Zahl der Mitglieder des Rundfunkrats von 17 auf 30 zu erhöhen.[17]

4. Die Regelungen über Produktionen, Programmabgaben und Unternehmensbeteiligungen

Schließlich sieht der DWG-Entwurf vor, den Handlungsspielraum der Deutschen Welle bei Produktionen und Programmabgaben an Dritte sowie bei Beteiligungen an Unternehmen zu erweitern. Die insoweit vorgesehenen

---

[15] Vgl. zur Rechnungshofkontrolle Hartstein/Ring/Kreile/Dörr/Stettner (Fn. 4), § 12 Rdnr. 77 ff.
[16] Vgl. Drs. 13/4708, S. 39, zu Nummer 7.
[17] Vgl. Drs. 13/4708, S. 42, zu Nummer 7.

Regelungen der §§ 7, 8, 11 und 13 entsprechen im wesentlichen den Vorschriften, die für die öffentlich-rechtlichen Landesrundfunkanstalten gelten. Hervorzuheben ist in diesem Zusammenhang auch der vorgeschlagene § 14 DWG. Er sieht vor, daß sich die Deutsche Welle zur Erfüllung ihrer Aufgabe der gleichen technischen Übertragungsmöglichkeiten bedienen darf, die den öffentlich-rechtlichen Rundfunkanstalten der Länder zur Verfügung stehen. Dazu zählen nach dem DWG-Entwurf auch die Zuspielung und die Ausstrahlung der Programme über Satelliten. Zudem wird die Deutsche Welle ermächtigt, im In- und Ausland die erforderlichen Rundfunksender anzumieten, sowie im Ausland die erforderlichen Rundfunksender auch zu errichten, zu unterhalten und zu betreiben. Schließlich sieht § 14 Abs. 3 DWG-Entwurf vor, daß die Programme der Deutschen Welle, die über Satellit ausgestrahlt werden sowie im Ausland terrestrisch verbreitet sind, in ausländische Kabelnetze eingespeist werden.

Auf weitere Einzelheiten des Gesetzesentwurfs wird im jeweiligen Zusammenhang – soweit erforderlich – eingegangen.

III. Die Kompetenzen des Bundes im Bereich des Auslandsrundfunks

1. Das erste Fernsehurteil

Allen weiteren Problemen ist die Frage vorgelagert, welche Zuständigkeiten der Bund im Bereich des Auslandrundfunks überhaupt besitzt. Seit dem ersten Fernsehurteil[18] ist es unbestritten, daß die Gesetzgebung und die Verwaltung des Rundfunkwesens nach Art. 30, 70, 83 GG grundsätzlich in den Zuständigkeitsbereich der Länder fallen.[19] Aus der Systematik des Grundgesetzes ergibt sich eindeutig, daß der Bund die Regelungszuständigkeit nur in den Bereichen hat, in denen das Grundgesetz ihm entweder die ausschließliche Gesetzgebungskompetenz zuschreibt oder in denen er im Bereich der konkurrierenden Gesetzgebung von den Gesetzgebungskompetenzen Gebrauch gemacht hat und dies auch gem. Art. 72 GG durfte. Die Rahmengesetzgebungskompetenz des Art. 75 GG ermöglicht dem Bund nur, Rahmenvorschriften in den dort erwähnten Bereichen zu erlassen.

Der Streit um die Rundfunkkompetenz entzündete sich an der Vorschrift des Art. 73 Nr. 7 GG, die dem Bund die ausschließliche Gesetzgebungskompetenz für das Post- und Fernmeldewesen überträgt. Daraus kann man aber, entgegen einer früher vertretenen Auffassung[20] keine umfassende Zuständigkeit des Bundes für den Rundfunk ableiten. Zwar ist der Rundfunk aus dem Fernmeldewesen entstanden, aber aus diesem herausgewachsen und zu einer selbständigen Erscheinung geworden. Demnach umfaßt das Post- und Fernmeldewesen bekanntermaßen nach der zutreffenden Auffassung des Bundesverfassungsgerichts nur den sendetechnischen Bereich des Rundfunks unter Ausschluß der Studiotechnik, nicht aber den Rundfunk als Ganzes.[21] Der Zweck des Art. 73 Nr. 7 GG besteht nämlich darin, ein sendetechnisches Chaos zu vermeiden.[22]

Dieses enge Verständnis des „Post- und Fernmeldewesens" läßt sich auch mit der historischen Interpretation und dem Sinn und Zweck des Art. 73 Nr. 7 GG belegen. Die Väter des Grundgesetzes scheinen sich klar darüber gewesen zu sein, daß die Regelungen der sogenannten „kulturellen" Seite,

---

[18] BVerfGE 12, 205 (225 ff.).
[19] Vgl. dazu nur Herrmann, Fernsehen und Hörfunk in der Verfassung der Bundesrepublik Deutschland, 1975, S. 258 ff.; Hartstein/Ring/Kreile/Dörr/Stettner (Fn. 4), Allgemeine Erläuterungen, Rdnr. 54 ff.; J. Kreile, Kompetenz und kooperativer Föderalismus, 1986, S. 125 ff. jeweils m. w. Nachw.
[20] Vgl. etwa Peters, Die Zuständigkeit des Bundes im Rundfunkwesen, 1954, S. 67.
[21] BVerfGE 12, 205 (225).
[22] BVerfGE 12, 205 (230).

also des Inhalts der Sendungen, außerhalb des Fernmeldewesens stehen und eine Sache der Länder sein sollten. Dies entsprach auch der föderalen Struktur des Grundgesetzes, die im Rundfunkbereich die Erfahrung mit einem zentralistisch mißbrauchten Rundfunk berücksichtigte. Ebenso hatten die Väter des Grundgesetzes die durch das Besatzungsrecht nach dem 2. Weltkrieg gewachsene Rundfunkstruktur im Blick.

Dagegen ist weiterhin die Frage nicht endgültig geklärt, ob und inwieweit der Bund aus seiner ausschließlichen Kompetenz für die auswärtigen Angelegenheiten gem. Art. 73 Nr. 1 GG rundfunkrechtlich relevante Sachverhalte in diesem Zusammenhang regeln kann. Hierzu ist zunächst festzuhalten, daß das Bundesverfassungsgericht im 1. Fernsehurteil die Frage ausdrücklich offen gelassen hat, ob die Zuständigkeiten des Bundes für auswärtige Angelegenheiten und gesamtdeutsche Fragen nur erlauben, Teilaspekte des Programms und Einzelfragen des Rundfunks zu regeln, oder ob diese Zuständigkeiten weiterreichen und dem Bund gestatten, umfassendere Regelungen für solche Rundfunksendungen zu erlassen, die für das Ausland oder für die Deutschen bestimmt sind, die außerhalb der Bundesrepublik Deutschland in deutschen Gebieten wohnen. Nach Ansicht des Bundesverfassungsgerichts konnte ferner offen bleiben, ob der Bund wegen seiner Zuständigkeit für auswärtige Angelegenheiten und gesamtdeutsche Fragen durch Gesetz eine Bundesoberbehörde oder Anstalt des öffentlichen Rechts zur Veranstaltung von Rundfunksendungen errichten und für diese Behörde oder Anstalt auch die Leitgrundsätze gesetzlich normieren könne, die sich aus Art. 5 GG für die Veranstaltung und Veranstalter von Rundfunksendungen ergeben. Denn solche umfassenderen Kompetenzen des Bundes bezögen sich nur auf die Veranstaltung und die Veranstalter solcher Sendungen, die ausschließlich oder doch ganz überwiegend für das Ausland oder für die Deutschen außerhalb der Bundesrepublik Deutschland bestimmt seien und hätten daher mit dem vorliegenden Verfahren (im 1. Fernsehurteil ging es bekanntermaßen um die Frage, ob der Bund eine Kompetenz für inländischen Rundfunk hat) nicht unmittelbar etwas zu tun.[23] Es bleibt demnach festzuhalten, daß das Bundesverfassungsgericht im 1. Fernsehurteil dem Bund keine Kompetenz für den Auslandsrundfunk ausdrücklich zugestanden, sondern diese Frage offen gehalten hat.

2. Die Problematik des Deutschlandfunks

Es braucht in diesem Zusammenhang nicht geklärt zu werden, ob dem Bund eine Gesetzgebungszuständigkeit für die an die Deutschen in der ehemaligen DDR gerichteten Sendungen des DLF wirklich zustand und – trotz der restriktiven Formulierungen im 1. Rundfunkurteil – diese Bundeszuständig-

---

[23] Vgl. BVerfGE 12, 205 (241 f.).

keit für Sendungen des DLF auch über das Sendegebiet der DDR hinausgingen, also auch die Bundesrepublik Deutschland betrafen.[24] Zwar bejahte eine auf Lerche zurückgehende überwiegende Auffassung auch die Kompetenz für ganz Deutschland mit der Begründung, das Verfassungsgebot der Wiedervereinigung verpflichte vor allem den Bund als Sachwalter des Gesamtstaates zur publizistischen Aktivierung und Konservierung des Einheitswillens in beiden Teilen Deutschlands.[25] Dies überzeugt aber schon deshalb nicht, weil sich aus dem Wiedervereinigungsgebot keine Kompetenzen ableiten ließen und auch das Bundesverfassungsgericht eine Bundeskompetenz im 1. Fernsehurteil nur für solche Sendungen in Erwägung zog, die „ausschließlich oder doch ganz überwiegend für die Deutschen außerhalb der Bundesrepublik Deutschland bestimmt seien".[26] Diese Fragen können jedoch dahinstehen, denn mit der Vollendung der Einheit Deutschlands hat sich nicht nur die Problematik eines unter Umständen aus dem Wiedervereinigungsgebot ableitbaren Inlandsauftrages des DLF erledigt, sondern seine gesamte Existenzgrundlage entfiel, so daß die Rechte und Pflichten dieser früheren Bundesrundfunkanstalt auf die neue Körperschaft „Deutschlandradio", die als Körperschaft des öffentlichen Rechts von den Ländern gegründet wurde, übergeleitet worden sind.

3. Die Gesetzgebungskompetenz des Bundes für den Auslandsrundfunk

Mag man auch daran zweifeln, ob der Bund tatsächlich für die Inlandssendungen des DLF eine hinreichende Kompetenz hatte. So geht die ganz herrschende Meinung[27] zu Recht davon aus, daß jedenfalls Sendungen, die

---

[24] Vgl. zu dieser Problematik Lerche (Fn. 9), S. 13 ff.; Ossenbühl (Fn. 9), S. 4 f.; Stammler, Europäischer Rundfunkmarkt und innerstaatliche Rundfunkkompetenz, ZUM 1988, 274 (277); P. Reinert, Grenzüberschreitender Rundfunk im Spannungsfeld von staatlicher Souveränität und transnationaler Rundfunkfreiheit, 1989, S. 243 ff.
[25] Vgl. Lerche (Fn. 9), S. 18 ff.; Ossenbühl (Fn. 9), S. 5 f.; Wufka, Die verfassungsrechtlich-dogmatischen Grundlagen der Rundfunkfreiheit, 1971, S. 106; Reinert (Fn. 24), S. 250 f.; Schneider, Die Zuständigkeit des Bundes im Rundfunk- und Fernmeldewesen, in: Festschrift für Carstens, Bd. 2, 1984, S. 817 ff. (821).
[26] Vgl. BVerfGE 12, 205 (241 f.); daher zu Recht zweifelnd an der Bundeskompetenz für den DLF K. Stern, Föderative und unitarische Aspekte im deutschen Rundfunkwesen, in: Klecatsky, Rundfunkrecht und Rundfunkpolitik, 1969, S. 26 ff. (29 f.); Fastenrath, Kompetenzverteilung im Bereich der auswärtigen Gewalt, 1986, S. 177 f.; auch das Bundesverwaltungsgericht hat den Funktionsbereich des DLF – offenbar im Wege verfassungskonformer Auslegung – restriktiv interpretiert und angeführt, daß sich dessen Sendungen außer an das europäische Ausland in erster Linie an die Deutschen in der DDR richten müßten, BVerwGE 75, 79 (81); vgl. dazu auch Puhl (Fn. 8), DVBl. 1992, 933 f.
[27] Vgl. etwa Puhl (Fn. 8), DVBl. 1992, 934 f.; Herrmann (Fn. 19), S. 270 ff.; Fastenrath (Fn. 26), S. 177 f.; Stammler (Fn. 24), ZUM 1988, 277; Reinert (Fn. 24), S. 243 ff.; Hartstein/Ring/Kreile/Dörr/Stettner (Fn. 4), Allgemeine Erläuterungen, Rdnr. 60 jeweils mit weiteren Nachweisen.

ausschließlich oder in erster Linie für ein Verbreitungsgebiet außerhalb der Bundesrepublik bestimmt sind, zu den auswärtigen Angelegenheiten im Sinne des Art. 73 Nr. 1 GG zählen. Solche Sendungen dienen nämlich, obgleich nicht direkt an andere Völkerrechtssubjekte gerichtet, jedenfalls doch im Schwerpunkt der vorbereitenden Pflege auswärtiger Beziehungen. In diesem Zusammenhang braucht nicht die Problematik vertieft zu werden, was unter dem Begriff der „Pflege der Beziehungen zu auswärtigen Staaten" in Art. 32 Abs. 1 GG zu verstehen ist und wie sich dieser Begriff zu dem Begriff der „auswärtigen Angelegenheiten" in Art. 73 Nr. 1 GG im einzelnen verhält.[28] Im Ergebnis wird man mit guten Gründen festhalten können, daß sich Art. 32 Abs. 1 GG unter den heutigen Bedingungen nur auf völkerrechtsförmliches Handeln bezieht, wozu auslandsbezogene Staatstätigkeiten wie das Betreiben eines Auslandsrundfunks oder ausländischer Schulen gerade nicht zählen. Ansonsten wären nämlich Länder, Gemeinden und sonstige Hoheitsträger von grenzüberschreitenden Aktivitäten gänzlich ausgeschlossen. Ein Ergebnis, das sich mit der Verfassungswirklichkeit in keiner Weise in Einklang bringen läßt. Demnach sind auch nachbarschaftliche Länderkontakte zum Ausland, wie Kontakte mit Botschaften und Behörden der Europäischen Union, Empfänge für das konsularische Korps, Memoranden und Reden außenpolitischen Inhalts, grundsätzlich zulässig und nicht durch Art. 32 Abs. 1 GG untersagt oder gar von der Zustimmung des Bundes abhängig. Selbstverständlich besteht die Kompetenz der Länder zu solchen informellen Akten nur insoweit, als sie gesetzgeberisch oder verwaltungsmäßig für die Materie zuständig sind.[29] Nichtsdestotrotz bleibt aber festzuhalten, daß die Betreibung des Auslandsrundfunks zu den auswärtigen Angelegenheiten im Sinne des Art. 73 Nr. 1 GG zählt. Dies liegt auch darin begründet, daß sie nicht die Kompetenz der Länder berührt, für ihr jeweiliges Gebiet die Rundfunkstruktur und -organisation allein oder im Verbund mit anderen Ländern zu regeln.[30] Die Regelung des reinen Auslandsrundfunks bleibt also Sache des Bundes. Dies gilt jedenfalls dann, wenn die Sendungen allein oder doch ganz überwiegend für das Ausland bestimmt sind, mag auch im Einzelfall ein „spill-over", also das Mitsehen und Mithören im Inland, technisch unvermeidbar sein.[31]

Dagegen bleibt daran festzuhalten, daß die Gesetzgebungszuständigkeit für Rundfunkveranstaltungen, die sich vom Verbreitungsgebiet her gesehen an das In- und Ausland richten, wie das insbesondere beim Einsatz von Sa-

---

[28] Eingehend dazu Dörr/Kopp/Cloß, Die Rechtsstellung der Landesmedienanstalten in grenzüberschreitenden Angelegenheiten, 1996, S. 32 ff. m. w. N.
[29] Vgl. dazu im einzelnen Dörr/Kopp/Cloß (Fn. 28), S. 46 f.
[30] Vgl. zu dieser grundsätzlichen Gebietsbezogenheit der Rundfunkhoheit der Länder Bullinger, Satellitenrundfunk im Bundesstaat, AfP 1985, 1 ff. (2); Degenhart, in: Bonner Kommentar, Zweitbearbeitung (1988), Art. 5 Abs. 1 und 2 Rdnr. 636 f. m. w. N.
[31] Vgl. dazu BVerwGE 75, 79 (81).

telliten inzwischen regelmäßig der Fall ist, gem. Art. 70 GG bei den – insoweit zur Kooperation verpflichteten – Ländern liegt.[32] Dem Bund steht im Bereich des Rundfunks lediglich die Kompetenz zu, den Auslandsrundfunk gesetzlich zu regeln, also den Rundfunk der ausschließlich oder doch ganz überwiegend für das Ausland bestimmt ist.

4. Die Verwaltungskompetenz des Bundes für den Auslandsrundfunk

Unbestritten wird diese Kompetenz des Bundes, den Auslandsrundfunk gesetzlich zu regeln, durch eine Verwaltungskompetenz nach Art. 87 GG ergänzt. Fraglich ist aber, ob sich diese Verwaltungskompetenz zur Veranstaltung von Auslandsrundfunksendungen aus Art. 87 Abs. 1 Satz 1 GG, der den Auswärtigen Dienst betrifft,[33] oder aus Art. 87 Abs. 3 Satz 1 GG, der neue bundesunmittelbare Körperschaften und Anstalten des öffentlichen Rechts für Angelegenheiten, für die dem Bund die Gesetzgebung zusteht, zum Gegenstand hat,[34] ergibt. Die Beantwortung dieser Streitfrage ist nicht ohne Bedeutung. Ordnet man nämlich die Verwaltungszuständigkeit für die Veranstaltung von Auslandsrundfunk der Vorschrift des Art. 87 Abs. 1 Satz 1 GG zu, können sich daraus weitreichende organisationsrechtliche Konsequenzen ergeben. So folgern Dittmann[35] und Mallmann[36] aus der Gleichsetzung der Begriffe „auswärtige Angelegenheiten" (Art. 73 Nr. 1 GG) und „Auswärtiger Dienst" (Art. 87 Abs. 1 Satz 1 GG), daß der Auslandsrundfunk zwingend als Auswärtiger Dienst in bundeseigener Verwaltung zu führen sei. Sie halten daher seine Verselbständigung als rechtsfähige Anstalt für verfassungswidrig. Mallmann geht noch weiter und sieht die Deutsche Welle selbst unter der Prämisse, daß sie als unselbständige Anstalt organisiert wäre, als verfassungswidrig an, da es dem Bund in dem Fall an der ausschließlichen Verwaltungskompetenz mangele. Der wohl größte Teil des Aufgabenbereichs der Deutschen Welle eigne sich nicht als ausschließliche Bundeskompetenz, denn die Repräsentation nach außen gelänge auch, wenn gewährleistet sei, daß die zu-

---

[32] So zu Recht Hartstein/Ring/Kreile/Dörr/Stettner (Fn. 4), Allgemeine Erläuterungen, Rdnr. 60; Jutzi, Nochmals: Bundeskompetenz für direktstrahlende TV-Satelliten, ZUM 1986, 21 ff. (24); Kreile (Fn. 19), S. 175 ff.; Bullinger, Satellitenrundfunk im Bundesstaat, AfP 1985, 1 f.; Puhl (Fn. 8), DVBl. 1992, 935; Gabriel-Bräutigam, Rundfunkkompetenz und Rundfunkfreiheit, 1989, S. 81 ff.; Hesse, Rundfunkrecht, 1990, S. 41; eine ausschließliche Bundeskompetenz aus der Natur der Sache nehmen zu Unrecht an: Stammler (Fn. 24), ZUM 1988, 285; Bueckling, Bundeskompetenz für direktstrahlende TV-Satelliten?, ZUM 1985, 144 ff. (147 ff.).
[33] So vor allem Dittmann, Die Bundesverwaltung, 1983, S. 146 ff.
[34] So Herrmann (Fn. 19), S. 273; Fastenrath (Fn. 26), S. 177; Stammler (Fn. 24), ZUM 1988, 280 und 283; Köstlin, Die Kulturhoheit des Bundes, 1989, S. 171 ff.; Lerche (Fn. 9), S. 16.
[35] Vgl. Dittmann (Fn. 33), S. 146 ff.
[36] Vgl. Mallmann, JZ 1963, 350 (352).

ständigen Organe zu Wort kämen. Dafür bedürften sie keiner eigenen amtlichen Rundfunkstation.[37] Bereits der Ansatz, die auswärtigen Angelegenheiten mit dem Auswärtigen Dienst gleichzusetzen, geht fehl (dazu unten). Aber auch der weiteren These Mallmanns, daß es dem Bund an der erforderlichen Verwaltungskompetenz fehle, kann so nicht ohne weiteres gefolgt werden, da sich in dem Fall die Frage aufdrängt, warum dem Bund dann die (ausschließliche) Gesetzgebungskompetenz zusteht.

Die dargestellten Auffassungen sind also aus mehreren Gründen im Ergebnis unzutreffend, selbst wenn man die Rundfunkfreiheit des Art. 5 Abs. 1 Satz 2 GG, an der auch die Deutsche Welle – wie noch zu zeigen sein wird – teilhat, einmal außer Betracht läßt. Es ist keineswegs zwingend, daß die Zuordnung des Auslandsrundfunks zu den „auswärtigen Angelegenheiten" diesen auch notwendig zum „Auswärtigen Dienst" im Sinne des Art. 87 Abs. 1 Satz 1 GG macht. Vielmehr nimmt Art. 87 Abs. 1 Satz 1 GG mit dem Begriff „Auswärtiger Dienst" auf eine bestimmte Behördenorganisation Bezug. Zwar ist einzuräumen, daß damit dem Bund auch ein spezieller Sachbereich überantwortet wird. Dieser liegt jedoch nur im Kern fest. Aus dem herkömmlichen Verständnis des Begriffs „Auswärtiger Dienst" läßt sich folgern, daß ihm in der Regel nur Auslandsbehörden zuzurechnen sind, die zumindest zum Teil Aufgaben erfüllen, die die völkerrechtliche Handlungsfähigkeit voraussetzen. Die Deutsche Welle ist bereits keine Auslandsbehörde, da sie ihren Sitz im Inland hat. Außerdem besitzt sie keine völkerrechtliche Handlungsfähigkeit, da sie eine solche für die Ausstrahlung von Programmen in das Ausland auch gar nicht benötigt. Die verschiedenen Bereiche der auswärtigen Angelegenheiten sind also danach zu beurteilen, welche Funktion ihnen zukommt. Da die Funktion von Botschaften und Konsulaten im Ausland der eines Auslandrundfunks nicht vergleichbar ist, bedarf letzterer nicht des gleichen strengen Behördenregimes wie das Auswärtige Amt und seine Auslandsvertretungen. Daher stehen für den Vollzug der übrigen heterogenen Bereiche auswärtiger Angelegenheiten, man denke nur an auswärtige Kulturpolitik, die flexiblen Organisationsformen nach Art. 87 Abs. 3 GG zur Verfügung.[38] Erst recht kann man nicht behaupten, daß der Auslandsrundfunk zum Kernbereich des auswärtigen Dienstes gehört. Dies gilt unbeschadet der Tatsache, daß die Darstellung der Bundesrepublik im Ausland ebenso wie die auswärtige Kulturpolitik wichtige Mittel der Außenpolitik sind.[39] Schließlich ist darauf hinzuweisen, daß die Auslandssender in der gesamten Staatspraxis dem auswärtigen Dienst organisatorisch gerade nicht verbunden sind.[40] Nach alledem ist die

---

[37] Vgl. Mallmann, JZ 1963, 350 (352).
[38] Überzeugend Fastenrath (Fn. 26), S. 110 ff. m. w. Nachw.
[39] Vgl. dazu etwa Leisner, Öffentlichkeitsarbeit der Regierung im Rechtsstaat, 1966, S. 118.
[40] Darauf weist Puhl (Fn. 8), DVBl. 1992, 935 zu Recht hin.

Verwaltungskompetenz des Bundes zur Veranstaltung von Auslandsrundfunksendungen nicht auf Art. 87 Abs. 1 Satz 1 GG, sondern auf Art. 87 Abs. 3 Satz 1 GG zu stützen. Demnach verstößt die rechtliche Verselbständigung der Bundesrundfunkanstalt Deutsche Welle keineswegs gegen organisationsrechtliche Vorgaben des Grundgesetzes. Sie wird vielmehr durch Art. 87 Abs. 3 GG, der flexible Organisationsformen zur Verfügung stellt, ausdrücklich ermöglicht.

IV. Der Auslandsrundfunk und das Grundrecht der Rundfunkfreiheit

1. Einleitung

Entscheidende Bedeutung für den Status und die Aufgaben der Deutschen Welle hat die Frage, ob diese Rundfunkanstalt überhaupt Träger des Grundrechts der Rundfunkfreiheit gem. Art. 5 Abs. 1 Satz 2 GG ist. Nur unter dieser Voraussetzung würde der für das Rundfunkrecht besonders bedeutsame Grundsatz der Staatsfreiheit bzw. Staatsferne auch von der Deutschen Welle in Anspruch genommen werden können. Zudem ergäben sich aus der Grundrechtsträgerschaft der Deutschen Welle wichtige Weichenstellungen für die Finanzierung. Schließlich müßte auch die innere Organisation der Deutschen Welle, wenn diese sich auf die Rundfunkfreiheit berufen kann, den Grundsätzen entsprechen, die das Bundesverfassungsgericht für die Landesrundfunkanstalten entwickelt hat. Dies hätte Konsequenzen für die Zusammensetzung des Rundfunk- und des Verwaltungsrats. Die Grundrechtsträgerschaft der Deutschen Welle im Hinblick auf die Rundfunkfreiheit ist umstritten. Eine nicht unerhebliche Meinung in der Literatur geht davon aus, daß sich die Deutsche Welle als Auslandsrundfunkanstalt nicht auf die Rundfunkfreiheit des Art. 5 Abs. 1 Satz 2 GG berufen könne.[41] Krause-Ablaß vertritt diese Ansicht mit der Begründung, daß nur die Schaffung des Rundfunks dem Staat zukomme, nicht jedoch seine Durchführung. Die Durchführung dürfe vielmehr nur durch die Gesellschaft in einer Rechtsform mittelbarer Verwaltung erfolgen. Der Staat könne dabei nicht als Teil der Gesellschaft, als „Stand unter den Ständen" angesehen werden, da er für sich kein Gruppeninteresse in Anspruch nehmen könne.[42] Wufka begründet die These, daß die Rundfunkfreiheit sich nicht auf die Deutsche Welle erstrecke, mit dem Argument, daß die Freiheit der Berichterstattung dem Rundfunk nicht als Selbstzweck gestattet sei, sondern um

---

[41] Vgl. etwa Krause-Ablaß, Die Bedeutung des Fernseh-Urteils des Bundesverfassungsgerichts für die Verfassung des deutschen Rundfunks, JZ 1962, 158 (159f.); Wufka, Die verfassungsrechtlich-dogmatischen Grundlagen der Rundfunkfreiheit, 1971, S. 105; Berendes, Die Staatsaufsicht über den Rundfunk, 1973, S. 111ff.; Remmele, Die Selbstdarstellung der Bundesrepublik Deutschland im Ausland durch Rundfunk als Problem des Staats- und Völkerrechts, 1979, S. 39ff.; Dittmann (Fn. 33), S. 147f.; differenzierend Ossenbühl, Die Finanzierung des Deutschlandfunks, RuF 1968, 389 (393); ders., Rundfunkfreiheit und Finanzautonomie des Deutschlandfunks, 1969, S. 11ff., der Art. 5 Abs. 1 Satz 2 GG ausnahmsweise für anwendbar hält, wenn objektiv die Möglichkeit besteht, daß die Sendungen des Auslandsrundfunks die inländische Meinungsbildung erheblich beeinflussen können.
[42] Krause-Ablaß, JZ 1962, 158, 160.

der öffentlichen Meinungsbildung wegen. Dieser könne die Deutsche Welle jedoch nicht dienen, da sie nur für das Ausland bestimmt sei. Daher fehle es am Bezugspunkt zu Art. 5 Abs. 1 Satz 2 GG, so daß dieser für den Auslandsrundfunk nicht gelte.[43] Diese Auffassung teilt auch Berendes, der jedoch dahingehend Zugeständnisse macht, als er nur solchen staatlichen Auslandssendern die Rundfunkfreiheit absprechen will, für die sichergestellt sei, daß sie nur im Ausland empfangen werden könnten und somit keinen Einfluß auf den innerstaatlichen Prozeß der öffentlichen Meinungsbildung hätten.[44] Allerdings zählt er die Deutsche Welle ausdrücklich zu den Sendern, die lediglich im Ausland empfangen werden können.[45]

In der Rechtsprechung ist die Frage, ob sich Auslandsrundfunkanstalten auf das Grundrecht der Rundfunkfreiheit berufen dürfen, noch nicht geklärt. Das Bundesverfassungsgericht hat in seiner Rundfunkrechtsprechung zu dieser Problematik noch nicht Stellung genommen. Das VG Köln hat in einem Urteil vom 6. 2. 1992[46] die Auffassung vertreten, daß sich die Deutsche Welle wegen des „ihr eigentümlichen gesetzlichen Auftrages, Rundfunksendungen für das Ausland zu veranstalten (§ 1 Abs. 1 BRfG), nicht auf Art. 5 Abs. 1 Satz 2 GG berufen" könne. Dagegen neigte das OVG Nordrhein-Westfalen in seinem im gleichen Rechtsstreit ergangenen Berufungsurteil[47] der Auffassung zu, daß die Deutsche Welle Trägerin des Grundrechts aus Art. 5 Abs. 1 Satz 2 GG sei.

In einer Reihe neuerer Abhandlungen wird mit beachtlichen Argumenten die Auffassung vertreten, daß sich die Deutsche Welle durchaus gemäß Art. 19 Abs. 3 GG auf das Grundrecht der Rundfunkfreiheit berufen könne, mit der Folge, daß das Gebot der Staatsfreiheit des Rundfunks auch gegenüber der Deutschen Welle zu beachten sei.[48] Es wird im folgenden zu zeigen sein, daß die neueren Überlegungen durchaus geeignet sind, die Bedenken von Rechtsprechung und Literatur zu zerstreuen und zu widerlegen. Zur Lösung der Problematik, ob und inwieweit sich die Deutsche Welle auf die Rundfunkfreiheit berufen kann, sind verschiedene Teilaspekte zu klären.

2. Auslandsrundfunk und Öffentlichkeitsarbeit

Die Rundfunkfreiheit käme tatbestandlich – unabhängig von der Problematik, ob sich die Deutsche Welle als juristische Person des öffentlichen Rechts nach Art. 19 Abs. 3 GG auf dieses Grundrecht berufen darf – schon nicht

---

[43] Wufka, (Fn. 41), S. 105.
[44] Berendes, (Fn. 41), S. 112 f.
[45] Berendes, (Fn. 41), S. 114.
[46] Vgl. 6 K 148/89, Amtlicher Umdruck S. 25 ff.
[47] 5 A 1141/92, Amtlicher Umdruck S. 13.
[48] Vgl. Puhl (Fn. 8), DVBl. 1992, 936 ff.; Niepalla (Fn. 8), ZUM 1993, 109 ff.; Cremer (Fn. 8), ZUM 1995, 674 ff.; Tillmanns/Hein, Verfassungsrechtliche Probleme bei der Finanzierung der Bundesrundfunkanstalten, DVBl. 1990, 91 (94).

zur Anwendung, wenn es sich bei der Tätigkeit der Deutschen Welle nicht um Rundfunk, sondern um regierungsamtliche Öffentlichkeitsarbeit handeln würde. Zwar ist es richtig und unbestreitbar, daß die Organe des Bundes – auch gegenüber dem Ausland – im Rahmen ihrer Kompetenzen die Befugnis zur regierungsamtlichen Öffentlichkeitsarbeit besitzen. Daraus läßt sich aber nicht einfach folgern, Auslandsrundfunksendungen seien per se Teil der regierungsamtlichen Öffentlichkeitsarbeit und damit sei der Anwendungsbereich des Art. 5 Abs. 1 Satz 2 GG nicht eröffnet.[49] Vielmehr kommt es darauf an, welche Funktionen die Auslandsrundfunkanstalt erfüllt, wie also ihr Aufgabenbereich bestimmt ist.[50]

Das Bundesverfassungsgericht hat sich in einem ganz anderen Zusammenhang in grundlegenden Entscheidungen mit der Kompetenz der Regierung, regierungsamtliche Öffentlichkeitsarbeit zu betreiben, beschäftigt.[51] Es ging in diesen Entscheidungen um die Frage, in welchem Maße Öffentlichkeitsarbeit der Regierung vor Wahlen zulässig ist. Dabei hat das Bundesverfassungsgericht aber auch grundsätzliche Ausführungen zur Zulässigkeit der Öffentlichkeitsarbeit gemacht und dargestellt, was unter Öffentlichkeitsarbeit zu verstehen ist. Insoweit geht das Bundesverfassungsgericht zunächst davon aus, daß die Öffentlichkeitsarbeit von Regierung und gesetzgebenden Körperschaften nicht nur zulässig, sondern verfassungsrechtlich sogar geboten ist. Dies folge auch und vor allem aus dem Demokratieprinzip des Grundgesetzes. Dieses Prinzip verlange, daß die Meinungsbildung von unten nach oben, also vom Volk zu den Staatsorganen hin erfolge. Eine solche Meinungsbildung, die für die Demokratie eine Grundvoraussetzung sei, könne nur erfolgen, wenn der Bürger über die notwendigen Informationen verfüge. Dies setze voraus, daß die Regierung ihn über ihre Tätigkeit informiere. Auf der anderen Seite setzen das Demokratieprinzip und das Rechtsstaatsprinzip dieser Öffentlichkeitsarbeit aber auch klare Grenzen. Die Meinungsbildung von unten nach oben bleibt nämlich nur möglich, wenn die Staatsorgane den Bürger nicht beeinflussen. Zudem hat in einer freiheitlichen Demokratie die Regierung nur einen zeitlich begrenzten Auftrag. Dies folgt aus dem Grundsatz der Herrschaft auf Zeit, der in einer rechtsstaatlichen Demokratie ebenfalls zwingend vorgegeben ist. Daher findet im Zusammenhang mit Wahlen etwa die zulässige Öffentlichkeitsarbeit dort ihre Grenze, wo Wahlwerbung beginnt.[52]

Solche Öffentlichkeitsarbeit kann auch mittels Rundfunkwellen verbreitet werden. Sie muß aber von der Regierung selbst, bzw. dem Organ des Bun-

---

[49] So anscheinend aber Remmele, Die Selbstdarstellung der Bundesrepublik Deutschland im Ausland durch den Rundfunk als Problem des Staats- und Völkerrechts, 1979, S. 19 ff. und 39 ff.
[50] So zu Recht Puhl (Fn. 8), DVBl. 1992, 936 und 938 f.
[51] Vgl. dazu grundlegend BVerfGE 44, 125 (149 ff.); 48, 271 (279 ff.); 63, 230 (242 ff.).
[52] So BVerfG 63, 230 (242 f.); 44, 125 (152).

des, das Öffentlichkeitsarbeit betreibt, durchgeführt und verantwortet werden. Zum zweiten fällt unter die Öffentlichkeitsarbeit lediglich die Mitteilung von Tatsachen, die die für die Meinungsbildung notwendigen Informationen vermitteln, aber den Willensbildungsprozeß nicht beeinflussen sollen. Demnach fällt das sogenannte Verlautbarungsrecht der Bundesregierung und – bei den Landesrundfunkanstalten – der Landesregierungen, etwa bei Katastrophenfällen oder bei anderen erheblichen Gefahren für die öffentliche Sicherheit und Ordnung, unter die Kompetenz zur Öffentlichkeitsarbeit.[53] Werden solche Verlautbarungen der Regierung im Rahmen eines Rundfunkprogramms verbreitet, so erfolgt dies konsequenterweise auch in der Verantwortung derjenigen Regierung, der das Verlautbarungsrecht zusteht.[54] Es bestünden auch keine Einwände dagegen, solche amtlichen Verlautbarungen über einen eigenen Regierungssender zu verbreiten. Jedoch wäre dessen Tätigkeit ausschließlich auf solche amtlichen Verlautbarungen, also Maßnahmen der Öffentlichkeitsarbeit, beschränkt.[55]

Der Funktionsbereich der Auslandsrundfunkanstalt Deutsche Welle ist aber – und war schon immer – wesentlich breiter angelegt. So besteht die Aufgabe der Deutschen Welle nach dem geltenden BRfG darin, Rundfunksendungen für das Ausland zu veranstalten und den Rundfunkteilnehmern im Ausland unter anderem die deutsche Auffassung zu wichtigen Fragen darzustellen und zu erläutern. Dabei soll die Deutsche Welle nach der vorgeschlagenen Vorschrift des § 5 Abs. 3 DWG-Entwurf nicht mehr ausdrücklich dazu verpflichtet werden, ihre Berichterstattung in dem Bewußtsein auszuüben, daß die Sendungen der Deutschen Welle die Beziehungen der Bundesrepublik Deutschland zu auswärtigen Staaten berühren können. Eine solche Verpflichtung sahen frühere Gesetzesentwürfe noch vor. Aus den Begründungen zum Gesetzesentwurf ist jedoch zu entnehmen, daß die Deutsche Welle zu einer gewissen außenpolitischen Rücksichtnahme in ihrer Berichterstattung gegenüber dem Bund aufgefordert bleibe, da ihr Bestand sich auf die Zuständigkeit des Bundes für die Pflege der Beziehungen zu auswärtigen Staaten (Art. 32 GG) gründe. Es ist daher nur konsequent, daß der Bundesregierung innerhalb des Programms der Deutschen Welle nach § 26 BRfG ein eigenes Verlautbarungsrecht eingeräumt wird und daß für den Inhalt und die Gestaltung dieser Verlautbarungen, abweichend von der sonst gem. § 28 Abs. 2 BRfG bestehenden Intendantenverantwortlichkeit, die Bundesregierung gem. § 29 BRfG selbst verantwortlich ist. Entsprechende Regelungen für das Verlautbarungsrecht sieht auch der DWG-Entwurf in §§ 15, 21 Abs. 3 vor.

---

[53] Vgl. eingehend zu dem Verlautbarungsrecht der Regierung Bilstein, Rundfunksendezeiten für amtliche Verlautbarungen, 1992; siehe auch Hartstein/Ring/Kreile/Dörr/Stettner, (Fn. 4), vor § 10, Rdnr. 51 f.; allgemein zur Öffentlichkeitsarbeit Schürmann, Öffentlichkeitsarbeit der Bundesregierung, 1992.
[54] Vgl. dazu etwa § 12 ZDF-StV, §§ 28 f. BRFG.
[55] So zu Recht Puhl (Fn. 8), DVBl. 1992, 936.

Die konkrete Auslandsrundfunkanstalt Deutsche Welle ist also mit Aufgaben betraut, die weit über regierungsamtliche Öffentlichkeitsarbeit hinausreichen.

Der Programmauftrag wird durch § 4 DWG-Entwurf gegenüber dem geltenden BRfG genauer präzisiert. Danach soll die Deutsche Welle auch einen objektiven Überblick über das Weltgeschehen geben und die Reaktionen der Öffentlichkeit sowie der wesentlichen staatlichen und gesellschaftlichen Kräfte in Deutschland auf diese Ereignisse darstellen. Zudem soll sie ein umfassendes Bild des politischen, kulturellen und wirtschaftlichen Lebens in Deutschland vermitteln. Damit geht der Programmauftrag des DWG-Entwurfs nach seinem Wortlaut über den ursprünglichen und bisher gültigen Auftrag hinaus. Danach soll zwar ebenfalls ein umfassendes Bild des politischen, kulturellen und wirtschaftlichen Lebens in Deutschland vermittelt sowie ein objektiver Überblick über das Weltgeschehen gegeben werden. Der anzulegende Maßstab soll aber nach dem DWG-Entwurf nicht mehr die Darstellung und Erläuterung der „deutschen Auffassung zu wichtigen Fragen" sein, sondern die Darstellung der „Reaktionen der Öffentlichkeit sowie der wesentlichen staatlichen und gesellschaftlichen Kräfte in Deutschland" auf die Ereignisse. Die neue Formulierung macht deutlich, daß die Deutsche Welle verpflichtet ist, das gesamte Meinungsspektrum, also umfassende Pluralität zu vermitteln. Sie wird also der Rundfunkfreiheit und der damit verbundenen Programmautonomie wesentlich besser gerecht als die noch geltende Fassung des § 1 Abs. 2 BRfG. Auch wenn Vermittlung eines umfassenden Bildes des politischen, gesellschaftlichen und kulturellen Lebens nach dieser Bestimmung bereits bedeutet, daß ein umfassendes Bild nur gemalt werden kann, wenn die Vielzahl der politischen Meinungsrichtungen, sämtliche kulturellen Strömungen und alle Bereiche der Wirtschaft in ihrer gesamten Breite wiedergegeben werden,[56] so erhält die Deutsche Welle durch den Gesetzesentwurf die ausdrückliche Legitimation zur Darstellung verschiedener Meinungen. Ein Auslandssender mit dem Auftrag umfassender und ausgewogener Berichterstattung geht jedenfalls weit über das hinaus, was unter regierungsamtliche Öffentlichkeitsarbeit fällt, ist also gerade kein bloßer Bulletin-Rundfunk mit dem reinen Auftrag regierungsamtlicher Selbstdarstellung. Für einen solchen Bulletin-Rundfunk wäre allerdings die Bezeichnung Rundfunk verfehlt; man müßte von „Verlautbarungs-Funk" sprechen. Demnach hat also der Bund mit der Deutschen Welle eine Einrichtung geschaffen, die Rundfunk betreibt und nicht bloße amtliche Öffentlichkeitsarbeit der Regierung. Will der Bund eine solche Einrichtung ins Leben rufen, kann er sich nicht auf die bloße Kompetenz zur Öffentlichkeitsarbeit berufen, es gelten vielmehr die für den Rundfunk zu beachtenden Grundsätze.

---

[56] Niepalla, ZUM 1993, 109, 112.

Demnach bleibt festzuhalten, daß die Deutsche Welle ohne Zweifel Rundfunk betreibt. Die Funktionen der Deutschen Welle reichen weit über das hinaus, was regierungsamtliche Öffentlichkeitsarbeit bedeutet. Deshalb ist es nur konsequent, daß der Regierung im Rahmen des Programms der Deutschen Welle – wie bei allen anderen Rundfunkanstalten – ein Verlautbarungsrecht eingeräumt wurde, das sie in eigener Verantwortung als Teil ihrer Kompetenz zur Öffentlichkeit in Anspruch nehmen darf. Aus alledem ergibt sich, daß die Anwendung des Art. 5 Abs. 1 Satz 2 GG keineswegs daran scheitert, daß die Deutsche Welle sich nicht mit Rundfunk sondern bloßer regierungsamtlicher Öffentlichkeitsarbeit nach außen befaßt.

3. Die Anwendbarkeit der Rundfunkfreiheit auf die Deutsche Welle nach Art. 19 Abs. 3 GG

Damit ist aber noch nicht gesagt, daß die Rundfunkfreiheit auf die Deutsche Welle anwendbar ist, sie sich also auf dieses Grundrecht gem. Art. 19 Abs. 3 GG berufen darf. Die Bestimmung des Art. 19 Abs. 3 GG ordnet an, daß sich eine juristische Person auf ein bestimmtes Grundrecht berufen kann, wenn dieses seinem Wesen nach auf diese anwendbar ist.

a) Allgemeines

Zunächst ist festzuhalten, daß das Bundesverfassungsgericht der Grundrechtsberechtigung juristischer Personen des öffentlichen Rechts grundsätzlich ablehnend gegenüber steht. Ausnahmen gelten nach dieser ständigen Rechtsprechung nur dann, wenn der betreffenden Einrichtung ein Grundrecht ausdrücklich zugeordnet wurde bzw. wenn es sich um Einrichtungen handelt, deren Aufgabe es ist, Grundrechte in einem Bereich zu verteidigen, in dem sie vom Staat unabhängig sind. Auf dieser Grundlage ist seit langem für die öffentlich-rechtlichen Rundfunkanstalten bezüglich des Grundrechts aus Art. 5 Abs. 1 Satz 2 die Grundrechtsberechtigung anerkannt.[57] Dabei geht das Bundesverfassungsgericht konsequent davon aus, daß diese Grundrechtsfähigkeit nur partiell, also für das Grundrecht besteht, das der öffentlich-rechtlichen juristischen Person ausdrücklich zugeordnet ist. Daher können sich nach dieser Rechtsprechung die Rundfunkanstalten nur auf Art. 5 Abs. 1 Satz 2 GG und nicht etwa auf andere Grundrechte wie Art. 9 Abs. 3 GG oder Art. 2 Abs. 1 GG berufen.[58] Gegen eine mögliche Grundrechtsträgerschaft der Deutschen Welle kann also nicht mit Erfolg eingewendet werden, es handele sich um eine juristische Person des öffentlichen

---

[57] Vgl. etwa BVerfGE 45, 63 (79), ständige Rechtsprechung; grundlegend dazu Bethge, Die Grundrechtsberechtigung juristischer Personen nach Art. 19 Abs. 3 Grundgesetz, 1985, S. 83 ff.
[58] Vgl. etwa BVerfGE 59, 231 (254 f.); 78, 101 (102 f.); 83, 238 (312).

Rechts. Vielmehr kommt für die Deutsche Welle eine partielle Grundrechtsfähigkeit bezüglich Art. 5 Abs. 1 Satz 2 GG grundsätzlich in Betracht; die Grundrechtsfähigkeit der Deutschen Welle könnte nur im Hinblick auf ihre besonderen, nämlich auslandsbezogenen Aufgaben ausgeschlossen sein. Um die Problematik lösen zu können, ob die Grundrechtsberechtigung auch einer Rundfunkanstalt mit einer auslandsbezogenen Programmauftrag zugute kommt, ist zunächst auf das Verhältnis zwischen dem objektiven Gehalt der Rundfunkfreiheit und der subjektiven Grundrechtsberechtigung der öffentlich-rechtlichen Rundfunkanstalten einzugehen.

b) Die Rundfunkfreiheit als dienende Freiheit

Das Bundesverfassungsgericht geht in ständiger Rechtsprechung davon aus, daß die Rundfunkfreiheit als dienende Freiheit zu verstehen sei.[59] Dem liegt die Überlegung zugrunde, daß die Grundrechte normalerweise Freiheiten enthalten, die der Selbstverwirklichung des Individuums dienen, also subjektiv-rechtliche, individuellen Eigeninteressen dienende Handlungsrechte sind. Daneben gibt es aber nach dieser Vorstellung auch Verbürgungen von Befugnissen, die im Interesse Dritter gegen den Zwang und die Intervention des Staates abgeschirmt sind. Bei den letztgenannten Grundrechten spricht man von dienenden oder drittnützigen Freiheitsrechten. Der Sinn von Freiheit kann demnach auch darin liegen, einem Rechtssubjekt Handlungs-, Gestaltungs- und Entscheidungsautonomie zuzuerkennen, weil entweder ein öffentliches Interesse an einem aus autonomer Handlung, Gestaltung und Entscheidung hervorgegangenen geistigen oder gegenständlichem Produkt besteht[60] oder weil die Abschirmung von Handlungsbefugnissen der Gewährleistung des Rechts- und Freiheitstatus Dritter dient.[61] Diese letztgenannte Kategorie von drittnützigen Freiheitsrechten, zu der klassicherweise nach der Rechtsprechung des Bundesverfassungsgerichts die Rundfunkfreiheit zu zählen ist, kann am sinnfähigsten als dienende Freiheitsgewährleistung gekennzeichnet werden.[62]

Die Rundfunkfreiheit stellt demnach in erster Linie ein drittnütziges Freiheitsrecht dar, sie dient der freien, individuellen und öffentlichen Meinungsbildung und ist demnach auch eine Grundvoraussetzung für eine funktionsfähige Demokratie. Dabei stellt der Rundfunk Medium und Fak-

---

[59] Vgl. BVerfGE 90, 60 (87 ff.); 87, 181 (197); 83, 238 (295); 57, 295 (319).
[60] So verhält es sich etwa bei der verfassungsrechtlichen Gewährleistung der Wissenschaftsfreiheit zugunsten der beamteten Hochschullehrer; andeutungsweise in diesem Sinne BVerfGE 47, 327 (379), mehr dazu Burmeister, Die Freiheit von Forschung und Lehre – Typus eines dritt- oder gemeinnützigen Individualfreiheitsrechts, in: 10 Jahre Fachhochschule für Verwaltung des Saarlandes, 1991, S. 63 ff. (77 ff.).
[61] So verhält es sich bei der Rundfunkfreiheit, vgl. dazu eingehend Niepalla, Die Grundversorgung durch die öffentlich-rechtlichen Rundfunkanstalten, 1990, S. 21 ff.
[62] So zu Recht Niepalla (Fn. 61), S. 6 ff.; Stock, Medienfreiheit als Funktionsgrundrecht, 1985, S. 325 ff.

tor des verfassungsrechtlich geschützten Prozesses freier Meinungs- und Willensbildung dar.[63] Dies bedeutet, daß das Massenkommunikationsmittel Rundfunk nicht nur die Vielfalt der vertretenen Meinungen wiedergibt und die Information des Einzelnen sowie die öffentliche Diskussion ermöglicht, sondern selbst eine mitwirkende Kraft in dem Kommunikationsvorgang bildet, durch den Einfluß auf die öffentliche Meinung genommen und diese mitgestaltet wird. Demnach wird zu Recht angeführt, daß der Rundfunk für die freie demokratische Meinungs- und Willensbildung und auch für die demokratische Ordnung „schlechthin konstituierend" sei.[64]

Im Hinblick auf diese besonderen Funktionen des Rundfunks ist die Grundrechtssubjektivität der öffentlich-rechtlichen Rundfunkanstalten anerkannt. Daher wird den öffentlich-rechtlichen Rundfunkanstalten auch die Möglichkeit eingeräumt, Eingriffe in die so verstandene Rundfunkfreiheit mit der Verfassungsbeschwerde abzuwehren.[65] Problematisch könnte insoweit sein, daß die Rundfunkfreiheit dem Prozeß der inländischen Meinungsbildung zu dienen bestimmt ist, also nur die deutsche Demokratie ermöglichen soll. Unter dieser Voraussetzung würde die Tätigkeit der Deutschen Welle, die darauf ausgerichtet ist, Rundfunksendungen für das Ausland zu veranstalten, von der so verstandenen dienenden Rundfunkfreiheit unter Umständen gar nicht erfaßt, mit der Folge, daß sich die Deutsche Welle nicht auf die Rundfunkfreiheit berufen könnte.[66]

c) Die Grundrechtsfähigkeit der Deutschen Welle und der auslandsbezogene Programmauftrag

aa) Der Einfluß auf die innerstaatliche Willensbildung

Selbst wenn man sich aber auf den Standpunkt stellt, daß die Rundfunkfreiheit ausschließlich eine dienende Freiheit sei, und sich im Hinblick auf das demokratische Prinzip ausschließlich auf den innerstaatlichen Willensbildungsprozeß beziehe, steht noch nicht fest, daß die Deutsche Welle mit ihrer Tätigkeit aus dem Schutzbereich des Art. 5 Abs. 1 Satz 2 GG ausgeklammert ist. Dieser Schluß wäre nur dann zulässig, wenn die Tätigkeit der Deutschen Welle keinen Einfluß auf die demokratische Willensbildung in der Bundesrepublik Deutschland haben kann.

In diesem Zusammenhang ist einmal zu berücksichtigen, daß – je nach Standort des Senders, Sendefrequenz und Witterungsverhältnissen in unterschiedlichem Ausmaß – die Möglichkeit besteht, eine an ein Auslandspubli-

---

[63] So schon BVerfGE 12, 205 (260); vgl. auch BVerfGE 83, 238 (296).
[64] Vgl. BVerfGE 74, 297 (328), ständige Rechtsprechung.
[65] Vgl. BVerfGE 31, 314 (322); 59, 231 (254); 74, 69 ff.; 74, 297 (317 f.); 78, 101 (102 f.); 87, 334 (339); 88, 25 ff.; 90, 227 (284).
[66] So etwa Wufka (Fn. 40), S. 105; Berendes (Fn. 40), S. 112 f.; Remmele (Fn. 40), S. 44 f.; Dittmann (Fn. 33), S. 147.

kum gerichtete Sendung auch im Inland mitzuhören und mitzusehen. Zwar war die Grenzüberschreitung von Hörfunk- und Fernsehsendungen dem Rundfunk schon immer systemimmanent, da – wie es das Bundesverfassungsgericht ausdrückte – Rundfunkwellen keine Ländergrenzen kennen.[67] Dieser Umstand der Grenzüberschreitung, der auch bei auslandsbezogenen Sendungen nicht zu vermeiden ist, erhält aber mit dem Siegeszug der Satellitentechnik eine neue, globale Dimension. Damit besteht die Möglichkeit, mit einer Rundfunksendung, die über Satellit ausgestrahlt wird, allein in Europa etwa 400 Millionen Menschen zu erreichen. Demnach läßt sich gar nicht vermeiden, daß die Fernsehsendungen, die von der Deutschen Welle über Satelliten verbreitet werden, auch im Inland von denjenigen empfangen werden können, die über die geeigneten Satellitenempfangsanlagen verfügen. Schon aus dieser im Hinblick auf die gravierenden technischen Veränderungen gestiegenen Möglichkeit, die an das Auslandspublikum gerichteten Sendungen der Deutschen Welle in Deutschland mitzuhören und mitzusehen, ergibt sich, daß die programmliche Tätigkeit der Deutschen Welle einen durchaus nicht ganz unerheblichen Einfluß auf die innerstaatliche Willensbildung nehmen kann.

Hinzu kommt aber ein weiterer wichtiger Umstand. In der bisherigen Diskussion wird meist übersehen, daß sich die programmliche Tätigkeit der Deutschen Welle auch an diejenigen Deutschen richtet, die sich im Ausland aufhalten bzw. dort ihren ständigen Wohnsitz haben. Die Tätigkeit der Deutschen Welle dient gerade auch dazu, Deutschen im Ausland eine objektive Meinungsbildung zu ermöglichen. Insoweit wirken die auslandsgerichteten Rundfunksendungen durchaus auf die innerstaatliche Willensbildung zurück. Eine große Zahl von Deutschen empfangen die deutschen Programme der Deutschen Welle rund um die Welt als Urlauber und Geschäftsreisende im Ausland. Diese vorübergehenden Auslandsaufenthalte Deutscher haben im Zuge der zunehmenden Freizügigkeit auf dem Arbeitsmarkt, die in Europa zudem durch europäisches Gemeinschaftsrecht verankert ist, erheblich zugenommen und werden durch die Internationalisierung aller Lebensbereiche weiter ansteigen. Zu den Hörern und Sehern der Programme der Deutschen Welle zählen also unzweifelhaft auch Deutsche, die sich im Rahmen von Auslandsreisen geschäftlicher oder privater Natur vorübergehend in anderen Ländern aufhalten. Hinzuweisen ist in diesem Zusammenhang auch auf die zunehmende Zahl an sich im Inland lebender Deutscher, die regelmäßig wiederkehrend längere Zeitabschnitte im Ausland verbringen. Beispielshaft genannt seien nur die zahlreichen Winterquartiere deutscher Senioren auf den Kanarischen Inseln. Gerade bei diesen zeitweiligen, mittelfristigen Auslandsaufenthalten ist ein gesteigertes Informationsbedürfnis hinsichtlich der Entwicklung der deutschen Gesellschaft, Politik und Kultur festzustellen.

---

[67] Vgl. BVerfGE 12, 205 (251).

Andererseits richtet sich das Programm der Deutschen Welle auch an diejenigen Deutschen, die ihren ständigen Aufenthalt in einem anderen Staat haben. Diese sind seit der Novelle des Bundeswahlgesetzes von 1985[68] zu einem weit größeren Maße zum Bundestag wahlberechtigt als nach der davor geltenden Rechtslage. Bereits im Jahr 1987 wurde die Zahl der wahlberechtigten „Auslandsdeutschen" auf 478000 geschätzt,[69] das waren zum damaligen Zeitpunkt mehr als 1% der Wahlberechtigten. Dabei handelte es sich um ein nicht unbeträchtliches Wählerpotential, wenn man von knappen Mehrheitsverhältnissen ausgeht. Soweit die Sendungen der Deutschen Welle an diese Deutschen gerichtet sind, wirken sie durchaus auf die innerstaatliche Willensbildung. Die Rundfunksendungen der Deutschen Welle dienen insoweit der Informationsfreiheit dieser Deutschen im Interesse der demokratischen Willensbildung. Diesem Umstand trägt auch der geltende § 27 BRfG Rechnung, indem er den politischen Parteien während ihrer Beteiligung an Bundestagswahlen einen Anspruch auf angemessene Sendezeit im Rahmen der Programme der Deutschen Welle zubilligt. Diese Sendezeit wurde den politischen Parteien nur deshalb zugestanden, weil auch die Programme der Deutschen Welle durchaus geeignet sind, bei Wahlen Werbewirkung zu erzielen.[70] Allerdings ist nach der Rechtsprechung des Bundesverfassungsgerichts der Gesetzgeber nicht gezwungen, Parteien Sendezeiten für die Ausstrahlung von Wahlwerbung einzuräumen, da es keinen originären, nicht durch den Gleichheitssatz vermittelten Anspruch auf Einräumung von Sendezeiten für politische Parteien gibt.[71]

Daß der Deutschen Welle trotz ihrer auf das Ausland ausgerichteten Zielsetzung der Schutz durch das Grundrecht der Rundfunkfreiheit nicht versagt werden kann, ergibt sich auch aus ihrer umfassenden Einbindung in die ARD. Als Vollmitglied ist sie stimmberechtigt und an zahlreichen Gemeinschaftseinrichtungen der ARD beteiligt.[72] Zwischen der Deutschen Welle und den Landesrundfunkanstalten erfolgt ein laufender Programmaustausch, sie übernimmt Produktionen der ARD und gibt ihrerseits Programmbeiträge an die anderen Mitglieder ab. Diese Einbindung war vom Gesetzgeber – wie § 15 BRfG deutlich macht – gewollt und ist durch den vorliegenden Entwurf uneingeschränkt übernommen worden. Dies macht es unmöglich, eine klare Trennlinie zwischen der Deutschen Welle und den Landesrundfunkanstalten zu ziehen. Würde man an die Programmveranstaltung der Deutschen Welle andere rechtliche Maßstäbe ansetzen als an diejenige der übrigen ARD-Mitglieder, wäre über den Programmaustausch und die Stimmberechtigung letztlich auch die Einhaltung der für diese gel-

---

[68] Vgl. 7. Gesetz zur Änderung des Bundeswahlgesetzes vom 8. 3. 1985, BGBl. 1985 I, 521.
[69] Vgl. dazu Puhl (Fn. 8), DVBl. 1992, 937.
[70] So ausdrücklich für die Programme des früheren DLF BVerwGE 75, 79 (82).
[71] So ausdrücklich BVerfG, AfP 1993, 647 (648).
[72] Z.B.: IRT, ZFP, ZSK und SRT.

tenden verfassungsrechtlichen Vorgaben gefährdet, es entstünde eine Schutzlücke. Konsequenz der Einbindung in die ARD ist daher die verfassungsrechtliche Gleichbehandlung mit den anderen Mitgliedern der ARD, also die Geltung des Grundrechts der Rundfunkfreiheit für die Deutsche Welle.

Nach alledem ist festzuhalten, daß die Programme der Deutschen Welle durchaus Einfluß auf den innerstaatlichen Meinungsbildungsprozeß haben. Dies gilt einmal, weil die Sendungen der Deutschen Welle auch trotz der Ausrichtung auf das Ausland auch im Inland empfangen werden können. Dieser Umstand hat durch die Veränderung der Ausstrahlungs- und Empfangstechnik an Bedeutung gewonnen. Zum zweiten richten sich die Programme der Deutschen Welle auch an diejenigen Deutschen, die sich vorübergehend als Urlauber oder Geschäftsreisende im Ausland aufhalten. Drittens sind auch diejenigen Deutschen Adressaten der Programme der Deutschen Welle, die ständig im Ausland wohnen und nach dem Wahlrecht berechtigt sind, sich als Wähler an Bundestagswahlen zu beteiligen. Demnach spricht gerade auch die dienende Funktion der Rundfunkfreiheit dafür, daß der Deutschen Welle das Grundrecht der Rundfunkfreiheit zusteht, selbst wenn man diese dienende Funktion auf die innerstaatliche Willensbildung begrenzt ansieht. Die Erforderlichkeit eines grundrechtlichen Schutzes ergibt sich gleichfalls aus der umfassenden Einbindung in die ARD.

bb) Die Grundrechtsbindung bezüglich der Auswirkung im Ausland

Unabhängig von diesen Wirkungen auf die inländische Willensbildung ergibt sich aber die Grundrechtsbindung des Auslandsrundfunks noch aus einem anderen Umstand. Gerade bei der Konzeption der dienenden Freiheit steht die Informationsfreiheit im Vordergrund und zwar auch, aber nicht nur wegen der Auswirkungen für die Funktionsfähigkeit der Demokratie. Vielmehr hat das Bundesverfassungsgericht die Bedeutung der Freiheitlichkeit des Rundfunks für die individuelle Meinungsbildung ebenso hervorgehoben.[73] Die umfassende und freie Information durch Rundfunk ist nämlich eine notwendige Vorstufe zum Gebrauch der Meinungsfreiheit. Demnach garantiert Art. 5 Abs. 1 Satz 1 GG auch jedermann die Freiheit, sich aus den allgemein zugänglichen Quellen, also den empfangbaren Massenmedien, ungehindert zu unterrichten. Die Bedeutung dieser Freiheit hängt ganz wesentlich davon ab, daß auch der Rundfunk frei, d.h. vor allem staatsunabhängig ist. Insoweit bestehen also, wie das Bundesverfassungsgericht mit seiner Idee von der dienenden Funktion der Rundfunkfreiheit stets unterstrichen hat, enge Wechselbezüge zwischen der Informations-, der Meinungs- und der Rundfunkfreiheit.

Wegen dieser Zusammenhänge muß man selbstverständlich fragen, ob der von der Bundesrepublik Deutschland veranstaltete Auslandsrundfunk nicht

---

[73] Vgl. BVerfG, JZ 1994, 515.

ebenso grundrechtlich im Hinblick auf seine Auswirkungen im Ausland gebunden ist. In der Rechtsprechung des Bundesverfassungsgerichts ist nämlich grundsätzlich anerkannt, daß die Grundrechte in ihrem sachlichen Geltungsumfang die deutsche öffentliche Gewalt auch dann binden, wenn die Wirkungen ihrer Betätigung außerhalb des Hoheitsbereichs der Bundesrepublik Deutschland eintreten.[74] Es herrscht allerdings Unklarheit, wie weit der Grundrechtsschutz vor Auslandsfolgen tatsächlich reicht.[75] Einige wichtige Grundsätze zu der Frage, inwieweit die Grundrechte bei auslandsbezogenen Sachverhalten zu berücksichtigen sind, hat das Bundesverfassungsgericht in der Spanier-Entscheidung aufgestellt.[76] In dieser Entscheidung hat es zunächst die prinzipielle Anwendbarkeit der Grundrechte auf international-privatrechtliche Fälle bejaht.[77] Differenzierungen ergäben sich allerdings im Hinblick auf deren Geltungsumfang, wobei den Besonderheiten des internationalen Privatrechts Rechnung zu tragen sei. Den Geltungsumfang im einzelnen zu bestimmen, sei Aufgabe der Auslegung der spezifischen Grundrechtsnorm. Dabei kann eine uneingeschränkte Durchsetzung eines Grundrechts in ganz oder überwiegend auslandsbezogenen Sachverhalten den Sinn des Grundrechtsschutzes verfehlen. Es kommt insoweit darauf an, ob ein Grundrecht wesensgemäß eine bestimmte Beziehung zur Lebensordnung im Geltungsbereich der deutschen Verfassung voraussetzt.[78] Demnach ist nach dieser Rechtsprechung entscheidend, ob das Grundrecht gleichsam speziell auf die deutsche Rechtsordnung zugeschnitten ist oder nicht.

Soweit ein Grundrecht in diesem Sinne rechtsordnungsbezogen ist, kann es auf transnationale Sachverhalte nicht angewandt werden. Ist es dagegen im wesentlichen rechtsordnungsunabhängig, spricht dies für seine Einschlägigkeit in Fällen mit Auslandsbezug. Insoweit gibt die Verfassung selbst wichtige Hilfestellungen. So erklärt Art. 1 Abs. 1 GG die Menschenwürde für unantastbar und bekräftigt die Verpflichtung aller staatlichen Gewalt, die Menschenwürde zu achten und zu schützen. Unmittelbar daran schließt sich in Art. 1 Abs. 2 GG das Bekenntnis zu den unverletzlichen und unveräußerlichen Menschenrechten an. Aus Sicht des Grundgesetzes selber stellen damit unverletzliche und unveräußerliche Menschenrechte das Fundament nicht nur der durch das Grundgesetz geschaffenen staatlichen Ordnung dar,

---

[74] Vgl. etwa BVerfGE 57, 9 (23) – zur Frage der Grundrechtsmäßigkeit eines von deutscher Seite an die Schweiz gerichteten Auslieferungsersuchens; BVerfGE 6, 290 (295) – zur Überprüfung eines Zustimmungsgesetzes zu einem völkerrechtlichen Vertrag im Verfahren der Verfassungsbeschwerde.
[75] Grundlegend zu dieser Frage im Zusammenhang mit dem Ausländerrecht Cremer, Der Schutz vor den Auslandsfolgen aufenthaltsbeendender Maßnahmen, 1994, S. 180–191.
[76] Vgl. BVerfGE 31, 58.
[77] Vgl. BVerfGE 31, 58 (77).
[78] BVerfGE 31, 58 (77); vgl. dazu Cremer (Fn. 75), S. 325–330.

sondern einer jeden Gemeinschaft, eines jeden Gemeinwesens, eines jeden Staates. Die nachfolgenden Grundrechte, die gem. Art. 1 Abs. 3 GG die öffentliche Gewalt umfassend als unmittelbar geltendes Recht binden, gehen über diesen menschenrechtlichen „Mindeststandard" hinaus. Soweit aber die Grundrechte inhaltlich deckungsgleich mit den Menschenrechten sind, existieren sie – zumindest in den Augen des Grundgesetzgebers – unabhängig von der Ausgestaltung durch die konkrete Rechtsordnung des Grundgesetzes.[79]

Daraus kann man insgesamt ableiten, daß je eindeutiger der Charakter eines Grundrechts als Menschenrecht ausgeprägt ist, desto geringer ist – aus der Perspektive des Grundgesetzes selbst – seine Rechtsordnungsbezogenheit. Das Recht, seine Meinung in Wort, Schrift und Bild frei zu äußern und zu verbreiten, ist in diesem Sinne rechtsordnungsunabhängig und in transnationalen Sachverhalten anwendbar. Das Grundrecht auf freie Meinungsäußerung – in einem umfassend verstandenen Sinn – ist als unmittelbarster Ausdruck der menschlichen Persönlichkeit in der Gesellschaft eines der vornehmsten Menschenrechte überhaupt.[80] Daher wird es auch durch die Europäische Menschenrechtskonvention in Art. 10 EMRK umfassend geschützt. Die Meinungsfreiheit ist also im obigen Sinne nicht grundgesetzspezifisch, sondern ein allgemein geltendes Menschenrecht.

Daraus folgt, daß die freie und individuelle Meinungsäußerung und Meinungsbildung auch im Ausland durch die deutsche Staatsgewalt nicht beeinträchtigt werden darf.[81] Dies hat Auswirkungen für die Geltung der Rundfunkfreiheit bei auslandsbezogenen Sachverhalten. Wie bereits dargelegt wurde, wirkt der Rundfunk sich im erheblichen Ausmaß auf die Meinungsbildung aus. Die Informationsfreiheit und damit auch die freie Meinungsbildung würden erheblich beeinträchtigt, wenn deutscher Auslandsrundfunk gezielt Personen außerhalb des Bundesgebietes in ihrer Meinungsbildung manipulieren und einseitig beeinflussen dürfte.

Dies hat weiterhin zur Folge, daß das objektive Prinzip der Rundfunkfreiheit insoweit Geltung beanspruchen muß. Gerade dieser Gedanke prägt die Rechtsprechung des Bundesverfassungsgerichts zur dienenden Funktion dieser Freiheit. So hat das Bundesverfassungsgericht stets darauf hingewiesen, daß Art. 5 Abs. 1 GG verlange, daß der Rundfunk weder dem Staat noch einer gesellschaftlichen Gruppe ausgeliefert werden dürfe.[82] Es sei vielmehr eine solche Organisation des Rundfunks geboten, die sicherstelle, daß alle in Betracht kommenden Kräfte in ihren Organen Einfluß hätten, und im Gesamtprogramm zu Wort kommen könnten, und daß für den In-

---

[79] Vgl. auch BVerfGE 31, 58 (75 f.); siehe zum Ganzen Cremer (Fn. 8), ZUM 1995, 676 ff.
[80] Vgl. etwa BVerfGE 7, 198 (208); 69, 315 (344 f.); 82, 272 (281).
[81] In diesem Sinne auch schon BVerfGE 6, 32 (44).
[82] So schon BVerfGE 12, 205 (262).

halt des Gesamtprogramms Leitgrundsätze verbindlich seien, die eine inhaltliche Ausgewogenheit, Sachlichkeit und gegenseitige Achtung gewährleisten. Eine positive Ordnung müsse also sicherstellen, daß die Vielfalt der bestehenden Meinung im Rundfunk in möglichster Breite und Vollständigkeit Ausdruck finde und daß auf diese Weise umfassende Information geboten werde.[83] Bereits aus diesen Passagen wird deutlich, daß die dienende Funktion nicht allein auf die demokratisch-institutionelle öffentliche Meinungsbildung, sondern auch ausdrücklich auf die individuelle Meinungsbildung bezogen worden ist.

Insoweit ist die dienende Funktion der Rundfunkfreiheit durchaus individualrechtsbezogen. Und zwar unabhängig davon, an welchem Ort die Empfänger der deutschen Rundfunkprogramme leben. Dies läßt sich nicht, wie von Ossenbühl getan, damit bestreiten, daß insoweit Ausländern regelmäßig andere Informationsquellen zusätzlich zur Verfügung stünden, so daß kein Grund für eine territoriale Erweiterung der Rundfunkfreiheit bestehe.[84]

Es wäre kaum verständlich, wenn es der Bundesrepublik Deutschland erlaubt wäre, bei ihrer Selbstdarstellung nach außen von den grundlegenden Verfassungsrechtsprinzipien abzuweichen, die sie nach innen streng zu beachten hätte. Ein solcher Bruch müßte mehr als befremdlich wirken. Es erscheint sehr viel überzeugender, dem nach außen handelnden Staat Abweichungen von innerstaatlichen, verbindlichen objektiven Prinzipien nur insoweit zu gestatten, als sie jeweils durch die Besonderheiten der Außenpolitik verfassungsrechtlich zu rechtfertigen sind. Dies setzt aber die grundsätzliche Geltung des Prinzips der Rundfunkfreiheit voraus. Ausnahmen von Grundsätzen, die aus diesem Prinzip abzuleiten sind, bedürfen stets der verfassungsrechtlichen Rechtfertigung.[85] Im Ergebnis bleibt demnach festzuhalten, daß deutscher Auslandsrundfunk durch das Grundrecht der Rundfunkfreiheit auch im Hinblick auf seine auslandsbezogenen Wirkungen – unabhängig von seinen mittelbaren Einflüssen auf die innerstaatliche Willensbildung – grundrechtlich gebunden bleibt.

Aus diesem aus der Rechtsprechung des Bundesverfassungsgerichts folgenden Ergebnis ergibt sich noch eine weitere Konsequenz. Die Grundrechtsbindung führt auch zwangsläufig dazu, daß man der Deutschen Welle zur Verteidigung des Grundrechts der Rundfunkfreiheit auch die Grundrechtsberechtigung zugestehen muß. Das Bundesverfassungsgericht hat von Anfang an den öffentlich-rechtlichen Rundfunkanstalten die Grundrechtssubjektivität zugestanden, weil ihnen die Rundfunkfreiheit zugeordnet ist.

Die Zuerkennung der Grundrechtsträgerschaft erklärt sich darüber hinaus auch historisch aus dem Mißbrauch des Rundfunks zu Propagandazwecken

---

[83] So eingehend BVerfGE 57, 295 (320); 59, 231 (257f.); 73, 118 (124f.); 74, 297 (323f.); 83, 238 (296ff.); 87, 181 (197ff.).
[84] Vgl. dazu Ossenbühl (Fn. 40), S. 12f.
[85] Eingehend zu dieser gesamten Problematik Cremer (Fn. 8), ZUM 1995, 676ff.

durch die Nationalsozialisten. Nach dem 2. Weltkrieg haben damals die Siegermächte den Rundfunk in Deutschland neu geordnet.[86] Nachdem die vier Besatzungsmächte 1945 in Deutschland die oberste Gewalt übernommen hatten, wurde den Deutschen jede Sendetätigkeit auf dem Gebiet des Rundfunks untersagt. Bereits 1947 wurde für die US-Besatzungszone festgestellt, daß die Kontrolle über die Mittel der öffentlichen Meinung, wie Presse und Rundfunk, von der Beherrschung durch die Regierung freigestellt werden müssen. Allein in der Sowjetischen Besatzungszone wurde die Trennung von Regierung und Rundfunk nicht das oberste Gebot der Rundfunkfreiheit. Schließlich wurden in den drei westlichen Besatzungszonen in den Jahren 1948/49 sechs deutsche Rundfunkanstalten gegründet, die sich an dem Vorbild der britischen BBC in Form selbständiger öffentlich-rechtlicher Anstalten orientierten. Auch nach Meinung der deutschen Politiker sollte der Rundfunk nicht in die Organisation der allgemeinen staatlichen Exekutive eingefügt oder von ihr abhängig gemacht werden, damit ein neuerlicher Mißbrauch dieses Publikationsinstrumentes vermieden würde. Da privatwirtschaftlicher Rundfunk aus Kostengründen nicht in Frage kam, bot sich als Organisationsform das in der öffentlichen Verwaltung bewährte Rechtsinstitut der selbständigen Anstalt des öffentlichen Rechts an, da diese Form der Anstalt des öffentlichen Rechts „in niemandes Eigentum steht, weder in dem Eigentum privater Aktionäre noch im Eigentum des Staates"[87]. Um die gewünschte Unabhängigkeit vom Staat wirksam zu erreichen, wurde vorgesehen, die Rundfunkanstalten von staatlicher Fachaufsicht freizustellen, mit Selbstverwaltungsrecht auszustatten und auch wirtschaftlich möglichst selbständig zu organisieren. Daß die Rundfunkorganisation im Grundgesetz von 1949 nicht ausdrücklich festgelegt wurde, lag nicht daran, daß nicht an der Form der Anstalt des öffentlichen Rechts festgehalten werden sollte. Es handelte sich vielmehr um eine zukunftsgerichtete Entscheidung, da der Schutz der Rundfunkfreiheit sich gegebenenfalls auch auf andere Organisationsformen einer Sendeanstalt erstrecken können sollte. Aus dem historischen Rückblick ergibt sich und versteht sich die unabhängige, staatsferne Organisation von Rundfunkanstalten, die mit eigenen Rechten ausgestattet sind. Eine Ausprägung dieser Rechtsträgerschaft ist die zumindest partielle Grundrechtsfähigkeit in bezug auf Art. 5 GG. Denn ihre Eigenständigkeit können die Rundfunkanstalten nur verteidigen, wenn sie sich gegen Eingriffe in dieselbe gegen den Staat zur Wehr setzen können. Diese Möglichkeit wird durch Art. 5 GG sichergestellt, dessen Träger sie daher sind. Unter den öffentlich-rechtlich organisierten Anstalten kann aufgrund des Ursprungs ihrer Unabhängigkeitsgewährleistung auch kein Unterschied gemacht werden, ob es sich um eine landes- oder bundesrechtliche Anstalt

---

[86] Siehe dazu Hartstein/Ring/Kreile/Dörr/Stettner, (Fn. 4), EG Rdn. 1 ff.; Herrmann, Rundfunkrecht, § 4 Rdnr. 23 ff.
[87] Magnus, RuF 1959, 264.

handelt. Entscheidend ist, daß die Selbständigkeit des Rundfunks gewährleistet werden soll. Dieses Postulat bezieht auch eine Anstalt ein, die Auslandsrundfunk unter Bundeskompetenz ausstrahlt, da auch diese Anstalt „echten" Rundfunk betreibt und gerade nicht Öffentlichkeitsarbeit, wie oben gezeigt wurde.

Demnach ist die Deutsche Welle auch aus diesen Gründen – also unabhängig von den Wirkungen auf den innerstaatlichen Willensbildungsprozeß – grundrechtsberechtigt und kann Verletzungen der Rundfunkfreiheit mit der Verfassungsbeschwerde verteidigen. Einzuräumen ist allerdings, daß im Hinblick auf die Regelungen des Grundgesetzes über die auswärtige Gewalt eventuell bestimmte Besonderheiten gelten, die gewisse Abweichungen von Grundsätzen zulassen, die im innerstaatlichen Bereich zu beachten sind.

Weitere Hinweise auf eine Gleichstellung mit den öffentlich-rechtlichen Landesrundfunkanstalten und damit auf eine positive Grundrechtsträgerschaft der Deutschen Welle lassen sich im übrigen auch anderen Normen entnehmen. So besteht gemäß § 69 Abs. 4 S. 5 BPersVG ebenso wie bei den Landesrundfunkanstalten nur ein eingeschränktes Mitbestimmungsrecht in Personalangelegenheiten hinsichtlich der an der Programmgestaltung maßgeblich mitwirkenden Beschäftigten einer Rundfunkanstalt des Bundesrechts. Diese Einschränkung der Mitbestimmung ist eine Konsequenz der für Rundfunkanstalten geltenden Rundfunkfreiheit. Diese Regelung zeigt ebenso wie § 42 BDSG, der für Rundfunkanstalten des Bundesrechts einen eigenen Datenschutzbeauftragten fordert, daß die Deutsche Welle als Rundfunkanstalt des Bundesrechts eine Stellung wie eine öffentlich-rechtliche Landesrundfunkanstalt genießt. Durch § 41 Abs. 3 BDSG werden die Rundfunkanstalten des Bundesrechts datenschutzrechtlich ausdrücklich in das Medienprivileg von Presse, Film und übrigem Rundfunk einbezogen. Zudem zeigt die Festschreibung in § 1 Abs. 1 BRfG, daß die Deutsche Welle als öffentlich-rechtliche Anstalt mit Selbstverwaltungsrecht errichtet ist. Dies alles macht deutlich, daß der Gesetzgeber, also das Parlament als unmittelbar demokratisch legitimiertes Organ, der Deutschen Welle die Grundrechtsträgerschaft in bezug auf Art. 5 GG stets ausdrücklich zugebilligt hat. Auch deshalb bestehen keine Zweifel daran, daß der Deutschen Welle das Grundrecht der Rundfunkfreiheit zusteht.

4. Zusammenfassung

Nach alledem bleibt festzuhalten, daß die Deutsche Welle Trägerin des Grundrechts der Rundfunkfreiheit gem. Art. 5 Abs. 1 Satz 2 GG ist.

Die Tätigkeit der Deutschen Welle wird als Rundfunk von der Rundfunkfreiheit erfaßt. Etwas anderes würde nur für den Fall gelten, daß der Staat mittels der Verbreitungsform Rundfunk reine regierungsamtliche Öffentlichkeitsarbeit nach außen betreiben würde. Darunter wären im wesentlichen amtliche Verlautbarungen, die mittels elektromagnetischer Wellen verbreitet werden, zu verstehen. Nach den ihr obliegenden Aufgaben und ihrem Programmauftrag geht die Tätigkeit der Deutschen Welle aber weit darüber hinaus; sie betreibt echten Rundfunk.

Die Sendungen der Deutschen Welle wirken sich auch in nicht unbeachtlicher Weise auf die innerstaatliche Willensbildung aus, so daß sich die Grundrechtsfähigkeit der Deutschen Welle bereits aus dem dienenden Charakter der Rundfunkfreiheit ergibt, selbst wenn man diesen – eng verstanden – auf die innerstaatliche Willensbildung bezogen und begrenzt ansieht.

Darüber hinaus ist, selbst wenn man den Einfluß auf die innerstaatliche Willensbildung außer acht läßt, die nach außen gerichtete Rundfunktätigkeit der Bundesrepublik Deutschland grundrechtsgebunden. Die dienende Funktion der Rundfunkfreiheit ist auch auf die individuelle Meinungsbildung bezogen. Die Meinungsfreiheit und Informationsfreiheit sind als echte Menschenrechte nicht auf das Territorium der Bundesrepublik Deutschland begrenzt. Demnach ist auch die Bundesrepublik bei ihrer Selbstdarstellung nach außen an das grundlegende Verfassungsprinzip der Rundfunkfreiheit gebunden. Zur Verteidigung von Eingriffen in die Rundfunkfreiheit steht der Deutschen Welle auch aus diesem Grunde die Grundrechtssubjektivität zu. Bestimmte aus der Rundfunkfreiheit abzuleitende Grundsätze, die im innerstaatlichen Bereich strikt zu beachten sind, können allerdings gewisse Einschränkungen erfahren, die stets einer verfassungsrechtlichen Legitimation – etwa im Hinblick auf die auswärtige Gewalt – bedürfen.

V. Die Autonomie der Deutschen Welle und das Grundrecht der Rundfunkfreiheit

1. Allgemeines

Die Feststellung, daß die Deutsche Welle Trägerin des Grundrechts der Rundfunkfreiheit ist, hat wichtige Konsequenzen für alle weiteren Fragen. Dies betrifft auch und vor allem die Problematik, inwieweit der Deutschen Welle Autonomie zukommt. Verbunden damit ist die Frage, wie die Deutsche Welle im Innern zu organisieren ist.

Dabei kommen sowohl dem Aspekt der Pluralität als auch dem Grundsatz der Staatsfreiheit bzw. Staatsferne große Bedeutung zu. Einmal steht nämlich das Pluralitätsgebot im Mittelpunkt der Rundfunkfreiheit. Unbestritten besteht das Gewährleistungsziel der Rundfunkfreiheit nämlich darin, daß Meinungsvielfalt im Sinne eines gesellschaftspluralen Meinungsspektrums möglichst vollständig im Rundfunk zum Ausdruck kommt.[88] Dies setzt nicht nur voraus, daß die verschiedenen Meinungen zu Wort kommen, sondern der Meinungsbildungsprozeß muß vielmehr nach allen Seiten offen sein; Konzentration muß verhindert und ein Mindestmaß gleichgewichtiger Vielfalt auch im privaten Bereich sichergestellt werden, damit ein Spektrum unterschiedlichster Meinungen in ausgewogener Balance insgesamt hergestellt wird. Zwar ist einzuräumen, daß sich die Meinungsvielfalt und der Ausgewogenheitsstandard einer „gleichgewichtigen Vielfalt" kaum definieren lassen. Es läßt sich nämlich nicht exakt bestimmen, wann gleichgewichtige Vielfalt wirklich besteht oder zu erwarten ist. Dies räumt das Bundesverfassungsgericht durchaus selber ein. Vielfalt stellt demnach einen Zielwert dar, der sich stets nur annäherungsweise erreichen läßt.[89] Ungeachtet all dieser Schwierigkeiten lassen sich jedoch unterschiedliche Wirkrichtungen des Pluralitätsgebotes herausschälen: Einerseits wirkt es unmittelbar programmbezogen als inhaltlicher Maßstab, andererseits mittelbar als Frage der organisatorischen Sicherung inhaltlicher Vielfalt und Ausgewogenheit. In dieser organisatorischen Dimension ist das Pluralitätsgebot durchaus mit dem Grundsatz der Autonomie verwoben.[90]

Der Grundsatz der Autonomie ist also einerseits eng mit dem Pluralitätsgebot verknüpft. Jedoch kommt dem Grundsatz der Autonomie auch

---

[88] Vgl. nur BVerfGE 57, 295 (320); 74, 297 (323).
[89] BVerfGE 73, 118 (156).
[90] So zu Recht Jarass, Die neuen Privatfunk-Gesetze im Vergleich, ZUM 1986, 303 (307); eingehend auch Bumke, Die öffentliche Aufgabe der Landesmedienanstalten, 1995, S. 118 ff.

durchaus eigenständige Bedeutung zu. Er ist in erster Linie mit dem Gebot der Staatsfreiheit des Rundfunks verbunden, das allerdings als Gebot der Staatsferne bezeichnet werden sollte.[91] Die Bezeichnung Staatsfreiheit führt nämlich zu dem Mißverständnis, daß jeglicher staatlicher Einfluß von vornherein verboten sei, was etwa zur Folge hätte, daß staatliche Vertreter in den Organen der Rundfunkanstalten keine Mitglieder sein dürften.[92] Es ist völlig unbestritten, daß das Gebot der Staatsferne bei der Rundfunkfreiheit eine zentrale Stellung einnimmt. Es geht dabei darum, staatliche Gestaltung oder Einwirkung zu vermeiden, die unmittelbar oder mittelbar die publizistische Arbeit beeinträchtigen könnte. Im Mittelpunkt steht also die Absicherung autonomer Programmgestaltung. Der Grundsatz der Autonomie kann somit als programmakzessorisch[93] bezeichnet werden. Anknüpfungspunkt ist also, ob staatliche publizistische Relevanz entfalten und Übergriffe auf den publizistischen Wirkungskreis erkennbar werden. Dabei genügt es nicht, staatliche Einflußnahme lediglich auf ihre tatsächlichen Auswirkungen zu untersuchen. Entscheidend sind weniger die Auswirkungen an sich als die Gefahr der Dominanz.[94] Auch vor erkennbaren, aber lediglich latenten Gefahren der Einflußnahme muß der Rundfunk geschützt werden. Dies spielt vor allem bei der Finanzausstattung eine wichtige Rolle, worauf das Bundesverfassungsgericht in seinem Gebührenurteil[95] eindrucksvoll hingewiesen hat. Das Gebot der Staatsferne schützt vor allem auch die öffentlich-rechtlichen Rundfunkveranstalter mit Blick auf deren Programmgestaltungsfreiheit und wirkt sich auf deren organisatorisches Umfeld aus.

2. Das Verbot staatlicher Eigenbetätigung im Rundfunkbereich

Das Gebot der Staatsferne hat eine wichtige und auch unbestrittene Konsequenz. Bezüglich der Aufgabe, Rundfunk zu veranstalten, enthält es ein absolutes Verbot staatlicher Eigenbetätigung.[96] Darauf hat auch das Bundesverfassungsgericht stets hingewiesen, wenn es auch im 1. Rundfunkurteil mißverständlich formuliert hat, daß es sich bei der Veranstaltung von Rundfunksendungen um eine staatliche Aufgabe handele.[97] Bereits im Mehrwertsteuerurteil hat es nämlich deutlich gemacht, daß die Länder den

---

[91] So zu Recht Bumke (Fn. 90), S. 145 ff.
[92] Vgl. dazu auch Jarass, Die Freiheit des Rundfunks vom Staat, 1981, S. 14 ff.; H. H. Klein, Die Rundfunkfreiheit, 1978, S. 53; Degenhart, in: Bonner Kommentar, Art. 5 I, II Rdnr. 556.
[93] So zu Recht Stettner, Rundfunkstruktur im Wandel, Rechtsgutachten zur Vereinbarkeit des Bayerischen Medienerprobungsgesetzes der Bayerischen Verfassung, 1988, S. 43.
[94] So zu Recht Jarass (Fn. 92), S. 32.
[95] BVerfGE 90, 60.
[96] Vgl. etwa Starck, Rundfunkfreiheit als Organisationsproblem – zur Zusammensetzung der Rundfunkgremien, 1973, S. 16 ff.; Bumke (Fn. 90), S. 146.
[97] Vgl. BVerfGE 12, 205 (243 f.).

Rundfunkanstalten diese Aufgabe übertragen hätten, da sie sie selbst wegen des Gebots der Staatsfreiheit des Rundfunks nicht wahrnehmen dürften.[98] Die sprachliche Gleichsetzung von „staatlich" und „öffentlich" darf nicht darüber hinwegtäuschen, daß das Bundesverfassungsgericht die „Staatsfreiheit des Rundfunks" von Anfang deutlich betont und dem Staat stets die Aufgabe verwehrt hat, selbst als Rundfunkveranstalter aufzutreten. Demnach handelt es sich bei der Rundfunkveranstaltung gerade um eine nichtstaatliche Aufgabe, auf die zuzugreifen dem Staat aus Gründen der Staatsfreiheit des Rundfunks verwehrt ist.[99] Bezogen auf die Frage der Rundfunkveranstaltung kann man demnach durchaus von einem Grundsatz der Staatsfreiheit sprechen, da Staatsrundfunk wegen der Vorgaben des Art. 5 Abs. 1 Satz 2 GG absolut verboten ist. Daraus ergibt sich, daß auch die Aufgabe des Auslandsrundfunks auf eine staatsferne öffentlich-rechtliche Rundfunkanstalt übertragen werden muß, wenn der Gesetzgeber sich dafür entscheidet, daß Rundfunk in diesem Bereich in öffentlich-rechtlicher Organisationsform stattfinden soll. Dabei bildet die öffentlich-rechtliche Anstalt jedenfalls ein Organisationsmodell, das den rundfunkspezifischen Erfordernissen und verfassungsrechtlichen Anforderungen gerecht werden kann.[100] Daneben kommt auch die Körperschaft in besonders gelagerten Fällen in Betracht, um die verfassungsrechtlich vorgegebene Autonomie zu verwirklichen. Dazu ist es allerdings notwendig, diese Körperschaft in besonderer Weise auszugestalten.[101] Dadurch daß der Gesetzgeber die Aufgabe, den Auslandsrundfunk zu veranstalten, einer öffentlich-rechtlichen Anstalt mit Selbstverwaltung übertragen hat, ist er dem Verbot staatlicher Eigenbetätigung in diesem Bereich grundsätzlich gerecht geworden. So betont auch § 1 DWG-Entwurf, daß die Deutsche Welle eine gemeinnützige und rechtsfähige Anstalt des öffentlichen Rechts ist und das Recht zur Selbstverwaltung besitzt. Allerdings muß die Deutsche Welle auch organisatorisch so ausgestaltet sein, daß sie den Charakter einer staatsfernen Anstalt entspricht. In diesem Zusammenhang ist vor allem zu klären, ob die Besetzungen von Rundfunk- und Verwaltungsrat dem Grundsatz der Staatsferne und damit der verfassungsrechtlich gebotenen Autonomie der Deutschen Welle genügend Rechnung tragen.

---

[98] Vgl. BVerfGE 31, 314 (329).
[99] Vgl. zum Ganzen Gersdorf, Staatsfreiheit des Rundfunks in der dualen Rundfunkordnung der Bundesrepublik Deutschland, 1991; Hartstein/Ring/Kreile/Dörr/Stettner (Fn. 4), Vor § 10, Rdnr. 3 ff.
[100] Eingehend dazu Hartstein/Ring/Kreile/Dörr/Stettner (Fn. 4), Vor § 10 Rdnr. 10 ff.
[101] Vgl. dazu Lerche, Rechtsgutachtliche Erwägungen zur Verwirklichung des Beschlusses der Regierungschefs der Länder vom 4. 7. 1991 (Nationaler Hörfunk), 1991, S. 39 ff.; Hartstein/Ring/Kreile/Dörr/Stettner, (Fn. 4), Vor § 10 Rdnr. 22 ff.

3. Die innere Organisation der Deutschen Welle und der Grundsatz der Staatsferne

Nach der ständigen Rechtsprechung des Bundesverfassungsgerichts ist der Gesetzgeber verpflichtet, das Grundrecht der Rundfunkfreiheit organisatorisch auszugestalten und die öffentlich-rechtlichen Rundfunkanstalten so zu organisieren, daß der Rundfunk nicht einer oder einzelnen gesellschaftlichen Gruppen ausgeliefert wird und daß die in Betracht kommenden Kräfte im Gesamtangebot zu Wort kommen können.[102] Damit ist die Rundfunkfreiheit auch, wenn nicht sogar vorwiegend, ein Organisationsproblem.[103] Diese Organisation ist so zu gestalten, daß der Rundfunk auch nicht mittelbar staatlich dirigiert werden kann. Insoweit ist es allerdings angebracht, vom Gebot der Staatsferne zu sprechen, da nicht jeder staatliche Einfluß ausgeschlossen ist. Lediglich eine Mindermeinung geht davon aus, daß ein striktes Einmischungsverbot bestehe.[104] Aus diesem Einmischungsverbot ergibt sich nach dieser Auffassung das Verbot jeder Beteiligung staatlicher Vertreter in den Rundfunkgremien. Ein solches Verbot würde aber über das Ziel hinausschießen. Daher gehen die Rechtsprechung des Bundesverfassungsgerichts und die herrschende Meinung davon aus, daß aus dem Gebot der Staatsferne ein Beherrschungsverbot folge, also Art. 5 Abs. 1 Satz 2 GG verlange, daß der Staat den Rundfunk nicht beherrschen bzw. dominieren dürfe.[105] Demnach rückt die Frage in den Mittelpunkt, wie man die Dominanzschwelle bzw. den unangemessenen staatlichen Einfluß bestimmen kann.

Aus der bisherigen Rechtsprechung des Bundesverfassungsgerichts kann man keine eindeutigen Obergrenzen für die Beteiligung staatlicher Vertreter an den Gremien des öffentlich-rechtlichen Rundfunks ableiten. In der Literatur wird dafür z.T. eine Quote von einem Drittel als Obergrenze angeboten.[106] Auch der Bayerische Verfassungsgerichtshof hat sich – allerdings gestützt auf Art. 111a Abs. 2 Satz 3 BV – zunächst für eine absolute Höchstgrenze von einem Drittel bezogen auf staatliche Funktionsträger

---

[102] Vgl. BVerfGE 57, 295 (320, 325); 83, 238 (332f.).

[103] So zu Recht Starck, Rundfunkfreiheit als Organisationsproblem – Zur Zusammensetzung der Rundfunkgremien, 1973; Bethge, Verfassungsrechtsprobleme der Reorganisation des öffentlich-rechtlichen Rundfunks, 1978, S. 14; Hartstein/Ring/Kreile/Dörr/Stettner (Fn. 4), Vor § 10 Rdnr. 11.

[104] So etwa Gersdorf, Staatsfreiheit des Rundfunks in der dualen Rundfunkordnung der Bundesrepublik Deutschland, 1991, S. 92, 183 ff.

[105] Vgl. dazu eingehend Bumke (Fn. 90), S. 145 ff.; Hartstein/Ring/Kreile/Dörr/Stettner (Fn. 4), Vor § 10 Rdnr. 58 ff.; Lerche, Landesbericht der Bundesrepublik Deutschland, in: Bullinger/Kübler (Hrsg.), Rundfunkorganisation und Kommunikationsfreiheit, 1979, S. 15 ff. (75 ff.); BVerfGE 31, 314 (327 und 329); BVerfGE 83, 238 (334).

[106] Jarass, Die Freiheit des Rundfunks vom Staat, 1981, S. 49 f.; vgl. auch Art. 111a Abs. 2 Satz 3 BV.

ausgesprochen.[107] Später hat er allerdings klar gestellt, daß der Gesamtanteil aller der Vertreter, die dem Staat zuzurechnen sind bzw. staatlichen Vertretern gleichgestellt sind, insgesamt doch höher liegen darf als ein Drittel.[108] Dabei ist von entscheidender Bedeutung, wer dem Staat zuzurechnen ist und welche dieser Vertreter einen Interessenverbund bilden. Letzteres kann auch bei einem hohen Anteil von Staatsvertretern dann zu verneinen sein, wenn sie verschiedenen unabhängigen Hoheitsträgern zuzurechnen sind.[109] Als Grundregel gilt danach, daß je weniger homogen die Gruppe staatlicher Vertreter ist, desto höher kann ihr Anteil im Einzelfall ausfallen. Zudem läßt sich festhalten, daß sich bei einer Quote unter einem Drittel zweifelsfrei kein dominanter staatlicher Einfluß feststellen läßt.

a) Die Besetzung des Rundfunkrates

Wenn man diese Überlegungen auf die Zusammensetzung des Rundfunkrates bei der Deutschen Welle überträgt, ergeben sich folgende Konsequenzen. Der Rundfunkrat hat grundlegende Bedeutung für die Rundfunkorganisation, weil die anderen Organe von ihm strukturell abhängig sind und er dank seiner Funktionen als „oberstes Organ" der Rundfunkanstalt erscheint. Wer also die Zusammensetzung des Rundfunkrates bestimmen kann, hat entscheidenden Einfluß auf die Rundfunkanstalt. Hinzu kommt, daß die Hauptfunktion des Rundfunkrates die Repräsentation der Allgemeinheit im Anstaltsbereich ist. Strukturell dient diesem Ziel der Weg, den Rundfunkrat aus Vertretern der gesellschaftlich relevanten Gruppen zu bilden.[110] Demnach kommt auch dem Pluralitätsgebot bei der Zusammensetzung des Rundfunkrates ein bestimmender Einfluß zu; es ergänzt den Grundsatz der Staatsferne. Ursprünglich bestand der Rundfunkrat bei der Deutschen Welle zu 8/11 aus Vertretern der Bundesregierung, des Bundestages und des Bundesrates, also Vertretern, die ganz eindeutig der staatlichen Ebene zuzurechnen sind. Damit hatten die staatlichen Vertreter dominierenden bzw. beherrschenden Einfluß, die Zusammensetzung entsprach nicht dem Grundsatz der Staatsferne und dem Pluralitätsgebot. Diese Regelungen waren wohl dadurch bedingt, daß man in der Deutschen Welle keine Rundfunkanstalt sah, die Trägerin des Grundrechts der Rundfunkfreiheit ist; vielmehr lag dieser Organisation wohl eher die Vorstellung zugrunde, man betreibe mit der Deutschen Welle regierungsamtliche Öffentlichkeitsarbeit. Gegen diese starke Berücksichtigung staatlicher Vertreter im Rundfunkrat, die in ähnlicher Weise beim Deutschlandfunk zu beobachten war – hier waren 17 von 22 Vertretern dem staatlichen Bereich zuzurechnen –,

---

[107] Vgl. BayVerfGHE 39, 96 (156).
[108] BayVerfGHE 42, 11 (19).
[109] Vgl. BayVerfGHE 42, 11 (19); Jarass a.a.O., S. 50; Kewenig, Zu Inhalt und Grenzen der Rundfunkfreiheit, 1978, S. 51.
[110] Vgl. dazu BVerfGE 12, 205 (261 f.); 83, 238 (332 ff.).

wurden von verschiedener Seite verfassungsrechtliche Bedenken erhoben.[111] Auf diese Kritik reagierte der Gesetzgeber mit dem 1. Gesetz zur Änderung des Gesetzes über die Errichtung von Rundfunkanstalten des Bundesrechts vom 30. 3. 1990.[112] Durch dieses Gesetz wurde die Zahl der staatlichen Vertreter im Rundfunkrat der Deutschen Welle und des Deutschlandfunks erheblich abgesenkt. Ausweislich der Begründung zu dem Gesetzesentwurf geschah dies, um einen verbotenen übermäßigen Einfluß des Staates oder ein Übergewicht einzelner gesellschaftlicher Gruppen in Zukunft auszuschließen.[113] Durch den neugefaßten § 3 wurde nunmehr verankert, daß lediglich 7 der 17 Mitglieder des Rundfunkrates vom Bundestag (2), Bundesrat (2) und Bundesregierung (3) ernannt wurden. Damit sind seit dieser Gesetzesänderung die dem Staat zuzurechnenden Mitglieder des Rundfunkrates in der Minderheit und besetzen 41,17% der Sitze des Rundfunkrates. Zwar ist darauf hinzuweisen, daß dieser Prozentsatz die unproblematische Schwelle von einem Drittel deutlich überschreitet.[114] Allerdings stellt die Grenze von einem Drittel – wie bereits dargelegt – keine zwingende Beschränkung dar, es ist vielmehr entscheidend darauf abzustellen, inwieweit die dem Staat zuzurechnenden Vertreter eine feste Gruppe bilden. Zweifelhaft erscheint aber, ob es genügt, daß die Vertreter des Staates überstimmt werden können.[115]

Im Hinblick auf die gegenwärtigen Regelungen über die Besetzung des Rundfunkrates der Deutschen Welle ist aber maßgeblich zu berücksichtigen, daß die dem Staat zuzurechnenden Vertreter des Rundfunkrates keine einheitliche und homogene Gruppe bilden. Dies ist dadurch bedingt, daß Bundestag und Bundesrat je zwei Vertreter benennen. Drei weitere Vertreter werden von der Bundesregierung benannt. Hinzu kommt, daß bei den übrigen Vertretern die politischen Parteien nicht berücksichtigt werden. Solche Parteivertreter müßte man nämlich im Hinblick auf die Staatsferne ebenfalls dem Staat zurechnen. Staatsfreiheit – oder besser ausgedrückt Staatsferne – bedeutet nämlich auch ausreichende Freiheit gegenüber dem gewaltengeteilten Parteienstaat. Insgesamt liegt der Prozentsatz von 41,17 noch deutlich unter der Mehrheitsschwelle. Da die Staatsvertreter unterschiedlichen Hoheitsträgern zuzurechnen sind, kann auch nicht von einem einheitlichen Block ausgegangen werden; die Geschlossenheit wird zumindest durch die Eigenstaatlichkeit der Länder, die auch im Falle der Vermittlung über den Bundesrat zur Geltung kommt, auf-

---

[111] Vgl. etwa Herrmann, Rundfunkrecht, 1994, § 11 Rdnr. 18; Hymmen, Gutes Programm, brüchiges Gerüst, Kirche und Rundfunk Nr. 100 vom 20. 12. 1986, S. 5 ff.; siehe auch OVG Lüneburg, DÖV 1979, 117; VG Hamburg, DVBl. 1980, 491.
[112] BGBl. 1990 I, 823.
[113] Vgl. Drs. 11/6481 S. 2.
[114] Vgl. zu dieser Schwelle auch Kewenig, Inhalt und Grenzen der Rundfunkfreiheit, 1978, S. 37 und 45.
[115] Vgl. dazu auch Lerche, in: Bullinger/Kübler (Fn. 105), S. 75 ff.

gebrochen.[116] Denn schon aus den unterschiedlichen Bevölkerungs- und Wirtschaftsstrukturen ergeben sich – unabhängig von eventuellen parteipolitischen Übereinstimmungen – Interessenunterschiede,[117] die sich zwangsläufig auch auf das Verhalten der in den Rundfunkrat entsandten Vertreter auswirken.

Man kann zusammenfassend sagen, daß die jetzige Zusammensetzung des Rundfunkrates den Vorgaben des Grundsatzes der Staatsferne entspricht.

Die Vorschrift des § 30 DWG-Entwurf sieht allerdings nunmehr vor, den Einfluß der dem Staat zuzurechnenden Mitglieder des Rundfunkrates geringfügig zu erhöhen. Diese Erhöhung ist aber in erster Linie eine Konsequenz erhöhten Mitgliederzahl des Rundfunkrates, die der gesteigerten Bedeutung der Deutschen Welle Rechnung tragen soll. So sollen in dem auf 30 Mitglieder erweiterten Rundfunkrat vier Mitglieder vom Bundestag, vier Mitglieder vom Bundesrat und fünf Mitglieder von der Bundesregierung benannt werden. Damit wären 13 von 30 Mitgliedern des Rundfunkrates dem Staat zuzurechnen und der Anteil der dem Staat zuzurechnenden Mitglieder beliefe sich auf 43,33%. Dennoch ist, wie bereits ausgeführt, maßgeblich auf die Zusammensetzung der Gruppe der Staatsvertreter abzustellen, entscheidend ist der Grad der Homogenität. Diesbezüglich kann die Neuregelung gegenüber der bisherigen Zusammensetzung sogar zu Verbesserungen führen. Gerade dadurch, daß die Zahl der Vertreter des Bundesrates von zwei auf vier erhöht wird, steigt die Wahrscheinlichkeit, daß die divergierenden Länderinteressen stärker zur Geltung kommen. Die Erhöhung dürfte nämlich zur Folge haben, daß die verschiedenen Strömungen im Bundesrat jeweils einen Vertreter stellen können. Vorteile ergeben sich durch die Neuregelung dabei gerade für weniger starke Interessengruppen, die nach der alten Regelung keine Chance auf einen „eigenen" Vertreter hatten. Auch die Neuregelung des § 30 DWG-Entwurf ist daher insgesamt verfassungsgemäß.

b) Die Besetzung des Verwaltungsrates

Hinsichtlich der Besetzung des Verwaltungsrates der Deutschen Welle stellen sich grundsätzlich die gleichen Fragen wie bei der untersuchten Besetzung des Rundfunkrates. Es fällt insgesamt auf, daß häufig dem Gebot der Staatsferne bei der Zusammensetzung der Verwaltungsräte zu wenig Beachtung geschenkt wird. Meist sehen die Rundfunkgesetze vor, daß die Mitglieder der Verwaltungsräte in ihrer Mehrheit durch die Rundfunkräte der Anstalten gewählt werden. Darüber hinaus ordnen einige Rundfunkgesetze an, daß die Landesregierungen ein Mitglied frei bestimmen. Im Hinblick auf die Wahl enthalten aber einige Rundfunkgesetze keine Vorschriften darüber,

---

[116] Jarass, a.a.O., S. 50.
[117] Vgl. BayVerfGHE 42, 11 (19); Jarass a.a.O., S. 50; Kewenig, zu Inhalt und Grenzen der Rundfunkfreiheit, 1978, S. 51.

daß Träger staatlicher Funktionen nicht in den Verwaltungsrat gewählt werden dürfen. So ist in der Praxis durchaus zu beobachten, daß die Verwaltungsräte in mehreren Rundfunkanstalten mit einer Reihe staatlicher Funktionsträger besetzt sind.

§ 4 BRfG sah zunächst lediglich vor, daß der Verwaltungsrat aus sieben Mitgliedern besteht, die vom Rundfunkrat für vier Jahre gewählt werden. Im Rundfunkrat hatten die dem staatlichen Bereich zuzurechnenden Mitglieder aber, wie bereits dargelegt, eine deutliche Mehrheit. Damit war keinesfalls auszuschließen, daß auch der Verwaltungsrat mehrheitlich aus Mitgliedern bestand, die dem staatlichen Bereich zuzurechnen waren. Auch dies wurde durch das 1. Gesetz zur Änderung des Gesetzes über die Errichtung von Rundfunkanstalten des Bundesrechts maßgeblich geändert. Nunmehr sieht § 4 BRfG vor, daß der Verwaltungsrat aus sieben Mitgliedern besteht. Dabei wird je ein Mitglied von Bundestag, Bundesrat und Bundesregierung benannt. Die vier weiteren Mitglieder werden vom Rundfunkrat gewählt. Allerdings ordnet § 4 Abs. 1 Nr. 2, 3 BRfG insoweit an, daß diese Mitglieder den in § 3 Abs. 3, 4 BRfG genannten gesellschaftlichen Gruppen bzw. Institutionen angehören müssen, die dem Staat nicht zuzurechnen sind. Auch in diesem Fall ist aber zu konstatieren, daß der Anteil der dem staatlichen Bereich zuzurechnenden Vertreter mit 42,86% deutlich über der unproblematischen Grenze von einem Drittel liegt. Im Hinblick auf die gewichtigen Aufgaben des Verwaltungsrates ist auch bei der Zusammensetzung dieses Gremiums der Grundsatz der Staatsferne grundsätzlich zu beachten. Immerhin wirkt der Verwaltungsrat bei der Wahl des Intendanten mit, schließt den Dienstvertrag mit dem Intendanten ab, überwacht dessen Geschäftsführung und stellt den vom Intendanten entworfenen Haushaltsplan fest.

Nunmehr sieht § 35 DWG-Entwurf vor, die Zahl der Verwaltungsratsmitglieder und dadurch bedingt auch den Anteil der dem Staat zuzurechnenden Mitgliedern zu erhöhen. Nach der vorgeschlagenen Vorschrift soll der Verwaltungsrat in Zukunft aus neun Mitgliedern bestehen, wobei je ein Mitglied vom Deutschen Bundestag und vom Deutschen Bundesrat sowie zwei Mitglieder von der Bundesregierung gewählt bzw. benannt werden sollen. Die übrigen Mitglieder sollen danach vom Rundfunkrat aus den dem Staat nicht zuzurechnenden gesellschaftlichen Gruppen und Organisationen gewählt werden. Damit würde sich der Anteil der dem Staat zuzurechnenden Mitglieder im Verwaltungsrat auf 44,44% belaufen. Zu beachten ist aber, daß wegen der unterschiedlichen Stellung und Zuständigkeit an die Besetzung des Verwaltungsrates nicht gleich hohe Maßstäbe anzulegen sind, wie für die des Rundfunkrates. Zwar wirken sich unzweifelhaft auch die Befugnisse des Verwaltungsrates auf die Programmgestaltung aus, dies geschieht aber nur mittelbar. Die Verbindung zur konkreten Gestaltung der Programme ist erheblich weniger eng als es beim Rundfunkrat der Fall ist. Wesentliche Einflüsse auf das Programm ergeben sich vorwiegend aus der

Zuständigkeit für die Feststellung des Haushaltsplans. Dabei ist aber zu beachten, daß gerade hinsichtlich Haushaltsangelegenheiten der Staat ein berechtigtes Interesse an der Mitwirkung in den zuständigen Gremien hat. Dies ergibt sich daraus, daß sich die Deutsche Welle – auch nach dem vorliegenden Entwurf – in erster Linie aus Bundesmitteln finanziert.

Unter Berücksichtigung dieser Besonderheiten genügen auch diese Regelungen den Anforderungen des Gebots der Staatsferne.

c) Ergebnis

Insgesamt kann festgehalten werden, daß die vorgeschlagenen Bestimmungen über die Zusammensetzung des Rundfunkrates (§ 30 DWG-Entwurf) und des Verwaltungsrates (§ 35 DWG-Entwurf) dem Gebot der Staatsferne gerecht werden.

VI. Die Aufgaben der Deutschen Welle und die Rundfunkfreiheit

1. Allgemeines

Nach § 1 Abs. 1 BRfG in seiner geltenden Fassung hat die Deutsche Welle die Aufgabe, Rundfunksendungen für das Ausland zu veranstalten. Dabei sollen die Sendungen den Rundfunkteilnehmern im Ausland ein umfassendes Bild des politischen, kulturellen und wirtschaftlichen Lebens in Deutschland vermitteln und ihnen die deutsche Auffassung zu wichtigen Fragen darstellen und erläutern. In der ursprünglichen Fassung des § 1 war die Aufgabe anders umschrieben. Zum einen hatte der erste Abschnitt die Überschrift „Rundfunksendungen über Kurzwelle". Zum anderen war die Deutsche Welle mit der Aufgabe betraut, „Rundfunksendungen für das Ausland" zu veranstalten. Damit waren angesichts der technisch-physikalischen Zusammenhänge ursprünglich nur Hörfunksendungen gemeint. Mit der Auflösung des RIAS Berlin und der Eingliederung des frühen Betriebsteils RIAS-TV in die Deutsche Welle kam auf diese die Aufgabe zu, auch Auslandsfernsehen intensiver zu betreiben. Seit Mai 1992 produziert die Deutsche Welle daher Fernsehsendungen, die über Satellit weltweit verbreitet werden.[118] Dieser Eingliederung des Betriebsteils RIAS-TV in die Deutsche Welle trug der Gesetzgeber durch das Änderungsgesetz vom 20. 12. 1993[119] Rechnung und strich die Worte „über Kurzwelle" in der Abschnittsüberschrift. In Zukunft sollen §§ 3f. DWG-Entwurf die Aufgabe und den Programmauftrag der Deutschen Welle normieren. Nach § 3 Abs. 1 DWG-Entwurf veranstaltet die Deutsche Welle Rundfunk (Hörfunk und Fernsehen) für das Ausland. § 3 Abs. 2 DWG-Entwurf stellt klar, daß diese Sendungen sowohl in deutscher Sprache als auch in Fremdsprachen verbreitet werden. Die Vorschrift des § 4 DWG-Entwurf ordnet an, daß die Sendungen der Deutschen Welle ein umfassendes Bild des politischen, kulturellen und wirtschaftlichen Lebens in Deutschland vermitteln, einen objektiven Überblick über das Weltgeschehen geben und die Reaktionen der Öffentlichkeit sowie der wesentlichen staatlichen und gesellschaftlichen Kräfte in Deutschland auf diese Ereignisse darstellen sollen. Darüber hinaus sollen die Sendungen vor allem dem friedlichen Zusammenleben der Völker untereinander dienen sowie zur internationalen Verständigung und zum Prozeß der europäischen Einigung beitragen. Nach den geltenden und den vorgeschlagenen Vorschriften hat demnach die Deutsche Welle die Aufgabe, Auslandsrundfunk in einem umfassenden Sinne zu veranstalten. Schon de

---

[118] Vgl. dazu Weirich, Auslandsfernsehen in den 90er Jahren, Dokumentation Medienspiegel Nr. 49/1992.
[119] BGBl. 1993 I, 2246.

lege lata steht spätestens seit der Gesetzesänderung vom 20. 12. 1993 fest, daß sich dieser Auftrag auch auf das Fernsehen bezieht. Dies stellt auch die vorgeschlagene Regelung des § 3 DWG-Entwurf nachdrücklich klar.

2. Die Aufgaben der Deutschen Welle und die Grundversorgung

Wenn es um die Aufgaben des öffentlich-rechtlichen Rundfunks im innerstaatlichen Bereich geht, spielt der Begriff der Grundversorgung eine zentrale Rolle. Das Bundesverfassungsgericht hat – anknüpfend an Günter Herrmann[120] – diesen Begriff aufgenommen, um die Aufgaben des öffentlich-rechtlichen Rundfunks im dualen System zu beschreiben.[121] Die sogenannte Grundversorgung ist zum Prügelknaben für alle möglichen polemischen Angriffe geworden, die insgesamt ungerecht und unzutreffend sind.

Einmal ist zunächst festzuhalten, daß die Grundversorgung keinen tatsächlichen Zustand beschreibt und auch keine bloße Redensart darstellt, es handelt sich vielmehr um einen Rechtsbegriff. Diesem Rechtsbegriff kann auch nicht vorgeworfen werden, daß es ihm an klaren Konturen mangelt. Ohne solche allgemeinen Rechtsbegriffe kommt man im Verfassungsrecht nicht aus. Sie besitzen überdies den großen Vorteil, daß sie dynamisch und für neue Entwicklungen offen sind. Zudem hat das Bundesverfassungsgericht seine Rechtsprechung logisch klar und stringent vom 1. Fernsehurteil an aufgebaut. Daher kann man nicht behaupten, die Grundversorgung wäre aus der Luft gegriffen und baue auf keiner klaren Konzeption auf.

Der Begriff der Grundversorgung ist allerdings mit der Rolle des öffentlich-rechtlichen Rundfunks im dualen System verbunden. Mit der Installierung des privaten Rundfunks mußte nämlich auf Seiten der Betreiber auch ein gewisses privatnütziges Element verbunden sein. Daher unterliegt der Privatfunk nach den Vorgaben des Bundesverfassungsgerichts nicht den gleichen strengen Bindungen wie der öffentlich-rechtliche Rundfunk, er genießt einen gewissen Freiraum und Tendenzschutz. Die damit verbundenen Defizite des privaten Rundfunks an gegenständlicher Breite und thematischer Vielfalt, die zwangsläufig mit seiner Werbefinanzierung verbunden sind, können nur hingenommen werden, soweit und so lange der öffentlich-rechtliche Rundfunk in vollem Umfang funktionstüchtig bleibt. Der öffentlich-rechtliche Rundfunk muß demnach im dualen System – jedenfalls unter den gegenwärtigen Bedingungen – die klassische Rundfunkaufgabe erfüllen; dies ist seine Pflichtaufgabe. Die insoweit bestehende treuhänderische Aufgabe des öffentlich-rechtlichen Rundfunks, die durch dessen Pflicht zur Ausgewogenheit, Objektivität und Tendenzfreiheit präzisiert wird, hält den Privatfunk mit seinen Eigenheiten, Defiziten und Freizeichnungen im Sy-

---

[120] Vgl. Herrmann, Hörfunk und Fernsehen in der Verfassung der Bundesrepublik Deutschland, 1975.
[121] Vgl. BVerfGE 73, 118 (157f.); 74, 297 (324).

stem der dualen Rundfunkordnung, die darum auch nur eine hinkende Ordnung sein kann.[122]

Zwar bleibt es den privaten Rundfunkveranstaltern unbenommen, sich in ihrem Programmbereich auch dessen anzunehmen, was thematisch zur Grundversorgung gehört. Doch ist insoweit ein fundamentaler Unterschied festzustellen. Wenn der Privatveranstalter sich der Grundversorgung oder dessen, was er dafür hält, annimmt, dann tut er das kraft seiner grundrechtsverbrieften Freiheit, die ihn auch in den Stand setzt, nach Belieben davon wieder Abstand zu nehmen. Im Gegensatz dazu handelt es sich bei der Grundversorgung des öffentlich-rechtlichen Rundfunks um eine Pflichtaufgabe. Eine Privatisierung der Grundversorgungsaufgabe ist daher schon durch Verfassungsrecht ausgeschlossen. Es handelt sich insoweit, wie Bethge zutreffend ausführt, um eine Phantomdiskussion.[123]

Aus alledem ergibt sich, daß der Begriff der Grundversorgung und die dazu ergangene Rechtsprechung des Bundesverfassungsgerichts für den Funktionsbereich der Deutschen Welle nicht nutzbar gemacht werden kann. Bei der Grundversorgung geht es darum, welche Pflichtaufgaben dem öffentlich-rechtlichen Bereich in einem dualen System innerstaatlich zukommen. Bei der Problematik, welche Aufgaben die Deutsche Welle zu erfüllen hat, geht es dagegen um den Umfang des öffentlich-rechtlichen Auslandsrundfunks. Demnach ist der Begriff der Grundversorgung ungeeignet, um die Aufgaben der Deutschen Welle zu beschreiben.

3. Die Aufgaben der Deutschen Welle und die Programmautonomie

Aus diesem Befund ergeben sich weitere Konsequenzen. Die Grundversorgungsaufgabe des öffentlich-rechtlichen Rundfunks im dualen System unter den gegenwärtigen Bedingungen ergibt sich aus der verfassungsrechtlichen Pflicht des Gesetzgebers, innerhalb der Bundesrepublik Deutschland für ein ausgewogenes, vielfältiges und umfassendes Rundfunkgesamtangebot zu sorgen. Aus diesem Grunde hat das Bundesverfassungsgericht – unter den Bedingungen einer dualen Rundfunkordnung – für den öffentlich-rechtlichen Rundfunk auch eine Bestands- und Entwicklungsgarantie abgeleitet.[124] Unabhängig von der Frage der Übertragbarkeit dieser Grundsätze auf den vom Bund organisierten Auslandsrundfunk kann sich die Deutsche Welle auf den Schutz der Rundfunkfreiheit – wie eingehend dargelegt – berufen. Entscheidet sich der Gesetzgeber dafür, einen Auslandsrundfunk einzurichten, wird dieser durch die Rundfunkfreiheit geschützt. Jedenfalls solange die Einrichtung des Auslandsrundfunks besteht, muß der Gesetzgeber

---

[122] Vgl. zum Ganzen Bethge, Die verfassungsrechtliche Position des öffentlich-rechtlichen Rundfunks in der dualen Rundfunkordnung, 1996, S. 45 ff.
[123] Vgl. dazu Bethge (Fn. 122), S. 47.
[124] Vgl. BVerfGE 73, 118 (157); 74, 297 (324 und 342); 83, 238 (298 und 310 f.).

all die Bindungen beachten, die sich aus der Rundfunkfreiheit ergeben. Dies gilt sowohl für die Programmgestaltung als auch, worauf noch einzugehen sein wird, für die Finanzierung.

Im Zentrum des Selbstbestimmungsrechts steht die Programmhoheit, welche sowohl den Inhalt als auch die Art der Darbietung betrifft und für Reaktionen auf neue Publikumsinteressen sowie für neue Programmformen und -inhalte offen sein muß.[125] Zu dieser programmlichen Selbstbestimmung, die der Deutschen Welle als Trägerin der Rundfunkfreiheit zukommt, gehören auch die vorbereitenden Tätigkeiten einschließlich Programmbeschaffung und Einkauf sendefähigen Materials, die sich regelmäßig in Formen privaten Rechts vollziehen. Wie das Bundesverfassungsgericht im 6. Rundfunkurteil ausdrücklich formuliert hat, fällt sowohl die Programmherstellung als auch die nach der Ausstrahlung vorzunehmende weitere Verwertung einer Rundfunkproduktion unter das Grundrecht der Rundfunkfreiheit. Daher sind auch die darauf gerichtete Zusammenarbeit und die Beteiligung an dritten Unternehmen grundrechtlich geschützt.

Eine Programmherstellung, mit der allerdings allein oder auch nur vorrangig das Ziel verfolgt würde, dieses wirtschaftlich zu verwerten, ist dagegen unzulässig.[126] Selbstverständlich genießen nicht nur Programmbestandteile von öffentlicher Bedeutung oder vorwiegend informatorischen Charakter den Schutz der Rundfunkfreiheit; vielmehr wird auch der künstlerische Beitrag, die Kultursendung und die reine Unterhaltungssendung von ihr umfaßt. Eine Abstufung des Schutzes der Rundfunkfreiheit nach Sendekategorien ist nicht zulässig.[127]

Die Grenzen der Programmautonomie werden durch den Programmauftrag der Deutschen Welle gezogen. Einmal darf die Deutsche Welle nur Rundfunk – und zwar Hörfunk und Fernsehen – für das Ausland veranstalten. Dies bedeutet, daß die Sendungen ausschließlich oder doch ganz überwiegend für das Ausland bestimmt sein müssen. Unschädlich ist lediglich, daß diese Sendungen in Folge der technischen Gegebenheiten auch im Inland wahrgenommen werden können. Diesem Aspekt kommt allerdings heute wegen der Satellitenverbreitung eine größere Bedeutung zu.

Schließlich darf der Gesetzgeber im Hinblick auf die besonderen Aufgaben der Deutschen Welle bestimmte Bindungen bei der Erfüllung des Programmauftrages vorsehen. So spricht der geltende § 1 Abs. 1 BRfG davon, daß die Sendungen der Deutschen Welle den Rundfunkteilnehmern im Ausland ein umfassendes Bild des politischen, kulturellen und wirtschaftlichen Lebens in Deutschland vermitteln und ihnen die **deutsche Auffassung** zu wichtigen Fragen darstellen und erläutern sollen. § 4 Abs. 1 DWG-Entwurf sieht – wie bereits erwähnt – vor, daß die Sendungen der Deut-

---

[125] Vgl. BVerfGE 83, 238 (299).
[126] BVerfGE 83, 238 (303 ff.).
[127] Vgl. dazu Gersdorf (Fn. 104), S. 85 ff.

schen Welle ein umfassendes Bild des politischen, kulturellen und wirtschaftlichen Lebens in Deutschland vermitteln ... und die Reaktionen der Öffentlichkeit sowie der wesentlichen staatlichen und gesellschaftlichen Kräfte in Deutschland auf diese Ereignisse darstellen sollen. Darüber hinaus ordnet § 4 Abs. 2 DWG-Entwurf an, daß die Sendungen vor allem dem friedlichen Zusammenleben der Völker untereinander dienen sowie zur internationalen Verständigung und zum Prozeß der europäischen Einigung beitragen sollen.

Gerade die Verpflichtung, die deutsche Auffassung zu wichtigen Fragen darzustellen und zu erläutern, wie sie der geltende § 1 Abs. 1 BRfG vorsieht, hat durchaus Auswirkungen auf die Programmautonomie. Sie ist eine Konsequenz des besonderen Auftrages, den die Deutsche Welle zu erfüllen hat. In diesem Zusammenhang ist nämlich zu beachten, daß nach dem Grundgesetz der Bund Träger der auswärtigen Gewalt ist und diese Aufgabe vor allem der Bundesregierung zukommt. Allerdings muß man auch berücksichtigen, daß sich das Grundgesetz der Bundesrepublik Deutschland zum Prinzip der Völkerrechtsfreundlichkeit und der offenen Staatlichkeit bekennt. Dies kommt zahlreichen Bestimmungen des Grundgesetzes zum Ausdruck. Zu nennen ist etwa die Präambel mit ihrem Bekenntnis zu Europa, die neue Verfassungsbestimmung des Art. 23 GG und die Vorschrift des Art. 24 GG, die eine Übertragung von Hoheitsbefugnissen auf internationale Organisationen zuläßt. In diesem Zusammenhang hat Vogel[128] nicht zu Unrecht von der Wendung zur „offenen Staatlichkeit" gesprochen. Aus der internationalen Verflechtung der Bundesrepublik Deutschland ergibt sich, daß weder Bundes- noch Landespolitik heute ausschließlich nach innen gerichtet sein kann; dies muß zwangsläufig Rückwirkungen auf die Programmbindungen der Deutschen Welle haben. Diese Entwicklung wird noch durch die Demokratisierung unterstützt und verstärkt. Die auswärtige Gewalt hat sich vom Staatsoberhaupt zur Regierung und – weil diese vom Parlament abhängig ist und von ihm kontrolliert wird – auch auf das Parlament verlagert. Dies bedingt zwangsläufig eine gewisse Auffächerung der Außenpolitik. Die Demokratie westlicher Prägung lebt stets von der Möglichkeit des Regierungswechsels. Daher führt das parlamentarische Regierungssystem zu einer engen Anbindung der Regierungspolitik an die jeweiligen Auffassungen in den Fraktionen, die die Regierungen stützen. Es muß daher als ein legitimer Wunsch ausländischer Politiker angesehen werden, sich bei Abgeordneten und Parteifunktionären aber auch über den Auslandssender über die divergierenden Strömungen zu unterrichten. Dieser Wunsch wird in der politischen Praxis auch regelmäßig erfüllt.

Schließlich wird das Außenprofil noch weiter aufgefächert und dezentralisiert durch die grenzüberschreitende Kommunikation der Kirchen, öffent-

---

[128] Vgl. Vogel, Die Verfassungsentscheidung des Grundgesetzes für eine internationale Zusammenarbeit, 1964, S. 36.

lich-rechtlicher Körperschaften, Verbände, Interessengruppen, Medien, der Wirtschaft und auch einzelner Individuen. Als geschlossene Handlungseinheit tritt die Bundesrepublik Deutschland bei den Außenbeziehungen nur noch dort auf, wo sie Rechtsverbindlichkeiten zu übernehmen hat und somit als Ganzes in Pflicht genommen wird.[129]

Hinzu kommt noch ein weiteres. Nach der heutigen Rechtslage besitzt der Bund keinen Alleinvertretungsanspruch in Angelegenheiten, die die Europäische Union betreffen. Gerade auch diese Angelegenheiten sind aber Gegenstand der Programmtätigkeit der Deutschen Welle. Zwar spricht das Maastricht-Urteil des Bundesverfassungsgerichts[130] davon, daß es Sache des Bundes sei, die Rechte der Bundesrepublik Deutschland gegenüber der Gemeinschaft und ihren Organen zu vertreten. Diese Aussage bezieht sich aber auf die Zeit vor dem neuen Europaartikel des Grundgesetzes. Die Vorschrift des Art. 23 GG n.F. besagt nämlich in Abs. 6 Satz 1 ausdrücklich, daß die Wahrnehmung der Rechte, die der Bundesrepublik Deutschland als Mitgliedstaat der Europäischen Union zustehen, vom Bund auf einem vom Bundesrat benannten Vertreter der Länder übertragen werden soll, wenn im Schwerpunkt ausschließliche Gesetzgebungsbefugnisse der Länder betroffen sind. In solchen Fällen wird Deutschland also unmittelbar durch einen Vertreter der Länder repräsentiert.

All diesen Umständen trägt § 4 Abs. 1 DWG-Entwurf in gelungener Weise Rechnung. Er reagiert auf die zunehmende Auffächerung der Außenpolitik dadurch, daß er der Deutschen Welle den Auftrag gibt, die Reaktionen der Öffentlichkeit sowie der wesentlichen staatlichen und gesellschaftlichen Kräfte in Deutschland darzustellen und nicht mehr nur die deutsche Auffassung zu wichtigen Fragen zu erläutern.

Der Auftrag, daß die Sendungen vor allem dem friedlichen Zusammenleben der Völker untereinander dienen sowie zur internationalen Verständigung und zum Prozeß der europäischen Einigung beitragen sollen, ist im Hinblick auf die Programmautonomie völlig unproblematisch. Das Grundgesetz bekennt sich schon in seiner Präambel zum friedlichen Zusammenleben der Völker und zum Prozeß der europäischen Einigung. Durch diesen Auftrag werden lediglich die Bindungen nochmals hervorgehoben, denen der öffentlich-rechtliche Rundfunk schon von Verfassungs wegen unterliegt.

Insgesamt bleibt festzuhalten, daß der DWG-Entwurf in §§ 3f. der Programmautonomie der Deutschen Welle in gelungener Weise Rechnung trägt. Zu begrüßen ist zudem, daß insoweit auch die zunehmende Auffächerung der Außenpolitik berücksichtigt und die Deutsche Welle damit betraut wird, die Reaktionen der wesentlichen staatlichen und gesellschaftlichen Kräfte in Deutschland auf die berichtenswerten Ereignisse darzustellen.

---

[129] Eingehend dazu Dörr/Kopp/Cloß (Fn. 28), S. 41 ff.; Fastenrath (Fn. 26), S. 83 ff.
[130] Vgl. BVerfG, NJW 1993, 347.

Darüber hinaus tragen die vorgeschlagenen Regelungen in §§ 7f. DWG-Entwurf dem Umstand Rechnung, daß die Programmautonomie sowohl die Programmherstellung als auch die weitere Verwertung eigener Rundfunkproduktionen umfaßt. Zudem berücksichtigt § 13 DWG-Entwurf, daß auch die Information der Öffentlichkeit über Sendeinhalte mittels einer rundfunkeigenen Programmpresse der Rundfunkfreiheit unterfällt.[131]

---

[131] Vgl. BVerfGE 83, 238 (312f.).

VII. Die Finanzierung der Deutschen Welle und die Rundfunkfreiheit

1. Der Anspruch auf funktionsgerechte Finanzausstattung

Auch wenn der Deutschen Welle keine Bestands- und Entwicklungsgarantie zukommt, ist bei der Art ihrer Finanzierung der Rundfunkfreiheit Rechnung zu tragen. So lange die Deutsche Welle besteht, steht ihr nämlich das Grundrecht der Rundfunkfreiheit zu. Ihre Finanzierung muß in einer Weise ausgestattet werden, die die vom Bundesverfassungsgericht entwickelten und aus Art. 5 Abs. 1 Satz 2 GG abgeleiteten Vorgaben im Hinblick auf die Finanzierung beachtet. Das Bundesverfassungsgericht erkennt dem öffentlich-rechtlichen Rundfunk schon seit längerem einen Anspruch auf aufgabengerechte Finanzausstattung zu.[132]

Was darunter zu verstehen ist, hat das Bundesverfassungsgericht im sogenannten Hessen-3-Beschluß[133] näher erläutert. Unter Hinweis auf seine frühere Rechtsprechung betont der Senat, daß dem öffentlich-rechtlichen Rundfunk die Finanzierung derjenigen Programme zu ermöglichen ist, deren Veranstaltung ihren spezifischen Funktionen nicht bloß entspricht, sondern auch zur Wahrnehmung dieser Funktionen erforderlich ist. Das Kriterium der „Erforderlichkeit" wird vom Gericht zur Lösung eines Dilemmas angeboten. Dieses Dilemma besteht darin, daß das zur Funktionserfüllung Notwendige einerseits nicht von den Rundfunkanstalten allein bestimmt werden kann. Sie bieten nach Ansicht des Senats keine hinreichende Gewähr dafür, daß sie sich bei der Mittelanforderung im Rahmen des Funktionsnotwendigen halten. Aber auch dem gesetzgeberischen Gutdünken könne es andererseits nicht überlassen werden, zu bestimmen, welche Mittel den Rundfunkanstalten zur Erfüllung ihrer Aufgabe bereitgestellt würden. Dies verbietet der enge Zusammenhang zwischen Programmfreiheit, Staatsfreiheit und Finanzausstattung. Denn sonst könne der Gesetzgeber Verfassungsrecht, das einem unmittelbaren Verbot von Rundfunkprogrammen bzw. einem unmittelbaren staatlichen Einfluß auf Programme entgegenstehe, dadurch umgehen, daß er mittelbar durch Entzug oder Beschränkung von Finanzierungsmöglichkeiten dasselbe Ergebnis erreiche.

Das Kriterium der Erforderlichkeit begrenzt den öffentlich-rechtlichen Rundfunk also nicht auf ein bestimmtes extern festgelegtes Mindestangebot, sondern versucht seiner grundrechtlich gesicherten Freiheit bei der Funkti-

---

[132] Vgl. BVerfGE 73, 118 (158); 83, 238 (298).
[133] BVerfGE 87, 181.

onserfüllung Rechnung zu tragen. Es erlaubt nach Ansicht des Senats einen angemessenen Ausgleich zwischen der Programmautonomie der Rundfunkanstalten und den vom Gesetzgeber wahrzunehmenden finanziellen Interessen der Allgemeinheit.

Allerdings verkennt der Senat, wie er selber einräumt, nicht, daß sich die zur Entscheidung von Finanzfragen erstrebenswerte Quantifizierung aus dem Erforderlichkeitskriterium nicht stringent ableiten läßt. Dieses Kriterium erlaubt lediglich Eingrenzungen.

Die finanzielle Gewährleistungspflicht erfaßt das zur Wahrung zur Funktion „Erforderliche". Bezugsgröße ist dabei das gesamte Programm der Rundfunkanstalt. Es ist Angelegenheit der Rundfunkanstalt selbst, wie sie die verfügbaren Mittel im Rahmen der gesetzlichen Bestimmungen auf einzelne Programmsparten verteilt. Zusätzliche Finanzierungsansprüche können daraus nicht abgeleitet werden.

Trotz dieser Anhaltspunkte bleibt der Bestimmtheitsgrad der aus Art. 5 Abs. 1 Satz 2 GG folgenden Grundsätze für die Finanzierung der öffentlichrechtlichen Rundfunkanstalten verhältnismäßig gering. Daher verlangt das Grundrecht, daß zum Ausgleich ein Verfahren der Entscheidungsfindung eingerichtet wird, das ein möglichst grundrechtskonformes Ergebnis gewährleistet. Hierzu hat das Bundesverfassungsgericht in seinem Gebührenurteil[134] grundlegende Weichenstellung vorgenommen, die auch für die Finanzierung der Deutschen Welle von Bedeutung sind.

Für die Deutsche Welle bedeutet dies, daß Bezugsgröße für ihre Finanzausstattung die ihr gesetzlich zuerkannten Aufgaben sind. Die Deutsche Welle ist also finanziell so auszustatten, wie es zur Wahrung ihrer gesetzlich vorgesehenen Funktionen „erforderlich" ist. In diesem Zusammenhang kommt es nicht darauf an, inwieweit die Deutsche Welle über eine Bestands- und Entwicklungsgarantie verfügt. Denn jedenfalls hat die Deutsche Welle so lange einen Anspruch auf aufgabengerechte Finanzausstattung als sie besteht. Dieser Anspruch richtet sich gegen das Muttergemeinwesen, das die Anstalt trägt.[135] Zudem zielt der Finanzgewährleistungsanspruch nur auf eine funktionsgerechte Finanzausstattung, nicht auf bestimmte Modalitäten. Er richtet sich im Fall der Deutschen Welle also gegen den Bund. Es besteht ein breiter Gestaltungsspielraum des Bundes, auf welche Weise eine funktionsgerechte Finanzausstattung herbeigeführt wird. Es ist kein bestimmtes Finanzierungssystem vorgegeben, im innerstaatlichen Bereich hat das Bundesverfassungsgericht lediglich klar gestellt, daß eine Mischfinanzierung ein geeignetes Mittel darstellt, um die aufgabengerechte Finanzausstattung zu erreichen.[136]

---

[134] Vgl. BVerfGE 90, 60.
[135] Vgl. dazu Hartstein/Ring/Kreile/Dörr/Stettner (Fn. 4), § 10 Rdnr. 10; siehe auch Bethge, Die Verfassungsrelevanz des föderalen Rundfunkfinanzausgleichs, 1992, S. 83 f.
[136] Vgl. BVerfGE 74, 297 (342); 83, 238 (310 f.).

2. Das Verfahren der Finanzausstattung

In seinem Gebührenurteil[137] hat das Bundesverfassungsgericht herausgearbeitet, wie bedeutsam das Verfahren ist, welches zu der funktionsgerechten Finanzausstattung der Rundfunkanstalten führen soll. Die Gründe dafür liegen auf der Hand. Aus der Rundfunkfreiheit folgt die Programmautonomie der jeweiligen Anstalt und ihre Staatsferne. Die Programmautonomie gewährleistet, daß Auswahl, Inhalt und Gestaltung der Programme Sache der Rundfunkanstalten bleiben und sich an publizistischen Kriterien ausrichten können. Insofern verbietet sich, wie das Bundesverfassungsgericht im Gebührenurteil unmißverständlich darlegt, eine Indienstnahme des Rundfunks für außerpublizistische Zwecke; dies gelte nicht nur für unmittelbare Einflußnahme Dritter auf das Programm, sondern auch für die Einflüsse, welche die Programmfreiheit mittelbar beeinträchtigen könnten. Deutlicher als bisher verweist das Bundesverfassungsgericht insoweit auf die Gefahren der möglichen Einflußnahme, zu der die staatlichen Organe bei der Festsetzung der Finanzausstattung in der Lage seien.

Nach Auffassung des Gerichts ist die staatliche Möglichkeit im Rahmen der Finanzausstattung augenfällig. Es geht dem Gericht daher darum, Vorkehrungen gegen diese Gefahren zu treffen. Die Rundfunkfinanzierung soll damit strikt an den Zweck gebunden werden, öffentlich-rechtlichen Rundfunk in den Stand zu setzen, die zur Erfüllung seiner Funktionen erforderlichen Programme zu verwirklichen. Die Festsetzung der Finanzausstattung darf deshalb nach Auffassung des Bundesverfassungsgerichts weder direkt noch indirekt zu Zwecken der Programmlenkung oder der Gestaltung der Rundfunkordnung benutzt werden.

Damit ist nicht etwa gesagt, daß dem Gesetzgeber medienpolitische oder programmleitende Entscheidungen verfassungsrechtlich überhaupt versagt werden. Bei der Regelung der medienpolitischen Rahmenbedingungen verfügt der Gesetzgeber durchaus über einen breiten Gestaltungsspielraum. Für Zwecke dieser Art ist er aber auf die allgemeine (Rundfunk-) Gesetzgebung verwiesen. Er hat nicht das Recht, rundfunkpolitische Ziele mit dem Mittel der Finanzausstattung zu verfolgen.

Ausgehend von diesen Grundsätzen kommt das Bundesverfassungsgericht zu dem Ergebnis, daß das Finanzausstattungsverfahren so ausgestaltet sein muß, daß es der jeweiligen Rundfunkanstalt hinreichend die zur Erfüllung des Rundfunkauftrages erforderlichen finanziellen Mittel sichere. Zudem müsse eine mögliche Einflußnahme des Staates auf die Programmgestaltung der Rundfunkanstalten im Hinblick auf die vorgegebene Programmautonomie und den Grundsatz der Staatsferne wirksam ausgeschlossen sein.

---

[137] Vgl. BVerfGE 90, 60 (90 ff.).

Die Finanzierung der Deutschen Welle und die Rundfunkfreiheit

Nachfolgend erläutert das Gericht, wie ein Gebührenfestsetzungsverfahren, das zur funktionsgerechten Finanzausstattung der Landesrundfunkanstalten dient, im einzelnen ausgestaltet werden kann, um diesen Grundsätzen gerecht zu werden.[138]

Diese Ausführungen zur Ausgestaltung eines Gebührenfestsetzungsverfahrens sind auf die Deutsche Welle nicht übertragbar. Wie das Bundesverfassungsgericht stets zu Recht betont hat, sind die Rundfunkgebühren auf die Gesamtveranstaltung Rundfunk **in Deutschland** ausgerichtet. Unabhängig von der Frage nach der Rechtsnatur der Rundfunkgebühr[139] scheidet dieses Finanzierungsmittel für den Auslandsrundfunk schon aus diesem Grunde aus. Außerdem ist die Rundfunkgebühr eine gewisse Gegenleistung dafür, daß dem Bürger die Gesamtveranstaltung öffentlich-rechtlicher Rundfunk in Deutschland zur Verfügung gestellt wird.

Dagegen sind die grundlegenden Aussagen des Bundesverfassungsgerichts zur notwendigen staatsfernen Finanzierung, die der Programmautonomie Rechnung zu tragen hat, durchaus für die Finanzausstattung der Deutschen Welle heranzuziehen. Demnach kommt anstelle der Rundfunkgebühren bei der Deutschen Welle vor allem ein staatlicher Zuschuß des Bundes in Betracht. Daneben können auch andere Finanzierungsformen – wie bei den Landesrundfunkanstalten – vorgesehen werden. Nach der Rechtsprechung des Bundesverfassungsgerichts ist es aber ausgeschlossen, öffentlich-rechtliche Rundfunkanstalten vorrangig auf die Werbefinanzierung zu verweisen. Die Werbefinanzierung birgt nämlich stets die Gefahr in sich, den Rundfunk in die alleinige Abhängigkeit von Einschaltquoten zu bringen.[140] Gerade eine Mischfinanzierung ist durchaus geeignet, öffentlich-rechtliche Rundfunkanstalten vor einseitigen Abhängigkeiten zu bewahren. Dies spielt bei der Deutschen Welle durchaus eine Rolle, da das Verfahren zur Bemessung eines staatlichen Zuschusses naturgemäß nicht so staatsfern ausgestaltet werden kann wie ein Gebührenfestsetzungsverfahren. Daher ist eine Mischfinanzierung, die der Deutschen Welle auch Einnahmen aus Werbung und Sponsoring zugesteht, durchaus geeignet, eine funktionsgerechte Finanzausstattung herzustellen. Selbstverständlich dürfen die Werbeeinnahmen und die Einnahmen aus Sponsoring keine vorrangige Finanzierungsquelle darstellen.[141]

Zusammenfassend ist festzuhalten, daß die Deutsche Welle einen Anspruch auf funktionsgerechte Finanzierung hat. Ihr sind die Finanzmittel zur Verfügung zu stellen, die es ihr ermöglichen, diejenigen Programme zu veranstalten, die zur Erfüllung ihrer Funktionen erforderlich sind. Dabei ist

---

[138] Vgl. dazu im einzelnen Hartstein/Ring/Kreile/Dörr/Stettner (Fn. 4), § 12 Rdnr. 105 ff.

[139] Vgl. dazu Hartstein/Ring/Kreile/Dörr/Stettner (Fn. 4), § 11 Rdnr. 9 m. w. Nachw.

[140] BVerfGE 83, 238 (310 f.).

[141] Vgl. dazu auch Hartstein/Ring/Kreile/Dörr/Stettner (Fn. 4), § 11 Rdnr. 11 ff.

das Verfahren zur Bemessung des Zuschusses so auszugestalten, daß es dem Grundsatz der Programmautonomie und dem Gebot der Staatsferne möglichst weitgehend gerecht wird.

3. Die Regelungen über die Finanzierung der Deutschen Welle in §§ 43 ff. DWG-Entwurf

Im geltenden BRfG fehlen Regelungen über die Finanzierung der Deutschen Welle. Insoweit ist das geltende Recht nachbesserungsbedürftig. Diese Nachbesserung soll durch die Vorschriften der §§ 43 ff. DWG-Entwurf geleistet werden.

Der DWG-Entwurf sieht daher erstmals gesetzliche Finanzierungsregelungen für die Deutsche Welle vor. Die in diesen Regeln enthaltene Finanzierungsgarantie des § 43 DWG-Entwurf stellt erklärtermaßen ein Kernstück des gesetzlichen Neuregelungsvorhabens dar.[142] Damit soll ausweislich der Begründung den verfassungsrechtlichen Vorgaben der Rundfunkfreiheit Rechnung getragen werden.[143] Zu der vorgesehenen Vorschrift des § 43 DWG-Entwurf ist anzumerken, daß sie den Anspruch auf funktionsgerechte Finanzausstattung entsprechend der Rechtsprechung des Bundesverfassungsgerichts, die bereits erläutert wurde, umschreibt. Sie trägt demnach dem Umstand Rechnung, daß die Rundfunkfreiheit der Deutschen Welle einen Anspruch auf eine aufgabenadäquate Finanzausstattung einräumt, die der Bund als Träger der Deutschen Welle zu gewährleisten hat. Demnach ist eine solche Neuregelung geeignet und erforderlich, um die verfassungsrechtlichen Vorgaben der Rundfunkfreiheit umzusetzen.

Nach dem DWG-Entwurf soll diese funktionsgerechte Finanzausstattung dadurch erreicht werden, daß sich die Deutsche Welle aus dem jährlichen Zuschuß des Bundes und sonstigen Einnahmen finanziert. Bei den sonstigen Einnahmen wird auch die Werbung (§ 9 DWG-Entwurf) und das Sponsern (§ 10 DWG-Entwurf) zugelassen. Einnahmen auf Grund von Werbung, worunter auch das Sponsern als speziellere Werbeform zu verstehen ist, wurden nach geltendem Recht bisher nicht auf den Zuschuß des Bundes angerechnet. Der DWG-Entwurf sieht nun in § 44 Abs. 3 eine Anrechnung der jeweiligen Hälfte der Werbeeinnahmen auf den Zuschuß des Bundes vor. Gegen eine derartige Anrechnung, von Einnahmen, die im öffentlich-rechtlichen Rundfunk der Länder bis zur vollen Höhe der Einnahmen üblich ist, bestehen keine durchgreifenden verfassungsrechtlichen Bedenken. Denn wie die Rundfunkanstalten der Länder gilt für die Deutsche Welle der Grundsatz, daß eine finanzielle Förderung nicht über den Bedarf hinausgehen darf, da die Anstalten aus öffentlichen Mitteln keine Gewinne erzielen

---

[142] Vgl. Drs. 13/4708, S. 2.
[143] Vgl. Drs. 13/4708, S. 21, II A 2 und S. 30f., Zu § 43.

Die Finanzierung der Deutschen Welle und die Rundfunkfreiheit 63

können sollen. Nach geltendem Recht hat sich die Deutsche Welle aber bereits selber verpflichtet, eigene Einnahmen ausschließlich für die Finanzierung der gemeinnützigen Aufgaben der Anstalt zu verwenden (siehe Satzung der Deutschen Welle vom 22. 2. 1962, Art. 1 Abs. 3). Der DWG-Entwurf trifft somit zwar eine Regelung, die verfassungsrechtlich nicht beanstandet werden kann. Es mag aber wirtschaftlich klug sein, von einer Anrechnung abzusehen, zumal nicht verkannt werden darf, daß für die Werbung im Fernsehen strikte Begrenzungen vorgesehen sind. So darf die Gesamtdauer der Werbung im Fernsehprogramm der Deutschen Welle werktäglich höchstens 20 Minuten im Jahresdurchschnitt betragen. Zudem sollen Fernseheinkaufssendungen, die gemeinhin als „Teleshopping" bezeichnet werden, gänzlich untersagt bleiben. Schließlich ist zu berücksichtigen, daß die Sendungen der Deutschen Welle nur in einem begrenzten Maße für die Werbewirtschaft von Interesse sein dürften.

Auch die Möglichkeit, über das Sponsern zusätzliche Einnahmen zu erzielen, darf keinesfalls überschätzt werden. Schon die wirtschaftliche Bedeutung des Sponserns für den öffentlich-rechtlichen und privaten Rundfunk im innerstaatlichen Bereich wurde zum Teil viel zu optimistisch beurteilt, als der Rundfunkstaatsvertrag vom 1./3. 4. 1991 geschaffen wurde. Während die Begründung des Rundfunkstaatsvertrages in bezug auf das Sponsern noch von einer eigenständigen Finanzierungsquelle für den Rundfunk sprach, wurden bereits die Einnahmeerwartungen der öffentlich-rechtlichen Landesrundfunkanstalten nach einer detaillierten Untersuchung der Ertragsmöglichkeiten in diesem Feld deutlich nach unten korrigiert. Selbst bei den großen Landesrundfunkanstalten machen die zu erwartenden Sponsoreinnahmen weit unter 1% der Gesamteinnahmen aus.[144] Auch andere sonstige Einnahmen aus sogenannter Randnutzung – wie Erlöse aus dem Verkauf von Konzertkarten, aus der Herausgabe von Büchern, aus Vermietung von technischen Gerätschaften und Ateliers und aus Merchandising sowie Urheberrechtseinnahmen und Einnahmen aus dem Vertrieb von Programmen[145] – sind nicht geeignet, nennenswert zu der funktionsgerechten Finanzausstattung beizutragen.

Demnach steht auf der Grundlage der vorgeschlagenen Finanzierungsregeln fest, daß sich die Deutsche Welle ganz überwiegend aus dem jährlichen Zuschuß des Bundes finanzieren muß, um eine funktionsgerechte Finanzausstattung zu erhalten.

Für die Bemessung des Zuschusses sieht § 44 Abs. 2 DWG-Entwurf vor, daß sich dieser nach dem Haushaltsgesetz des Bundes und dem Haushalts-

---

[144] Vgl. zur wirtschaftlichen Bedeutung des Sponsorings für die inländischen öffentlich-rechtlichen Rundfunkanstalten und die privaten Rundfunkveranstalter Hartstein/Ring/Kreile/Dörr/Stettner (Fn. 4), § 7, Rdnr. 9f.
[145] Vgl. dazu im Einzelnen Hartstein/Ring/Kreile/Dörr/Stettner (Fn. 4), § 11, Rdnr. 16ff. m.w.Nachw.; siehe auch Grimm, Die wirtschaftliche Betätigung der öffentlich-rechtlichen Rundfunkanstalten, ZUM 1992, 581ff.

plan der Deutschen Welle bestimmt. Zudem ist natürlich die generelle Vorgabe des § 43 DWG-Entwurf zu beachten, wonach der Deutschen Welle die Finanzierung derjenigen Programme ermöglicht werden muß, deren Veranstaltung zur Wahrnehmung ihres gesetzlichen Programmauftrages unter Berücksichtigung der rundfunktechnischen Entwicklung erforderlich ist. Fraglich ist, ob diese Regelungen den Anforderungen entsprechen, die das Bundesverfassungsgericht in seinem Gebührenurteil[146] entwickelt hat. In diesem Zusammenhang ist zunächst einzuräumen, daß die Aussagen des Bundesverfassungsgerichts über die Ausgestaltung eines Gebührenfestsetzungsverfahrens auf die Deutsche Welle nicht übertragen werden können. Anders verhält es sich aber mit den allgemeinen Anforderungen, die das Bundesverfassungsgericht aus der Rundfunkfreiheit im Hinblick auf ein staatsfernes Verfahren zur Ermittlung des erforderlichen Finanzbedarfs der Rundfunkanstalten abgeleitet hat. Einmal genügt es auf keinen Fall, zwangsläufig unbestimmte materiellrechtliche Kriterien aufzustellen. In diesem Zusammenhang ist zwar einzuräumen, daß sich die materiellen Kriterien für eine angemessene Finanzausstattung, wie sie nunmehr in § 43 DWG-Entwurf enthalten sein sollen, kaum exakter ausgestalten lassen. Weder kann genau bestimmt werden, welcher Programmumfang die Erfüllung der Funktion der Deutschen Welle erfordert, noch ist präzise festzustellen, welche Mittel zur Finanzierung der erforderlichen Programme wiederum erforderlich sind. Dasselbe gilt für die Frage, ob die Deutsche Welle die Möglichkeiten einer wirtschaftlichen und sparsamen Haushaltsführung, alle z. B. alle Rationalisierungsmöglichkeiten, tatsächlich ausgeschöpft hat, die die Erfüllung ihrer besonderen Aufgaben noch nicht beeinträchtigen. Daher betont das Bundesverfassungsgericht in seinem Gebührenurteil zu Recht, daß das Dilemma strukturell bedingt ist. Aus diesem Grund muß ein Verfahren bereitgestellt werden, das schon bei den Gefahrenquellen ansetzt und die Möglichkeit rechtswidriger Kompetenzwahrnehmung soweit als möglich ausschließt.

Wesentliche Voraussetzung für die Vermittlungsfunktion des Rundfunks bei der Willensbildung ist nämlich – wie bereits eingehend dargelegt – die Programmautonomie des Rundfunks. Diese Programmautonomie und der Grundsatz der Staatsferne verbieten eine Indienstnahme des Rundfunks und damit auch der Deutschen Welle für außerpublizistische Zwecke. Das Bundesverfassungsgericht hat in diesem Zusammenhang auf die Gefahren der möglichen Einflußnahme verwiesen, zu der die staatlichen Organe einschließlich der Parlamente bei der Festsetzung der Finanzausstattung in der Lage seien. Diese staatlichen Einflußmöglichkeiten sind im Rahmen der Festsetzung des Zuschusses des Bundes augenfällig. Die Rundfunkfinanzierung muß aber strikt an den Zweck gebunden werden, die Deutsche Welle in den Stand zu setzen, die zur Erfüllung ihrer Funktionen erforderlichen

---

[146] BVerfGE 90, 60.

Programme zu verwirklichen. Die Festsetzung des Zuschusses darf deshalb, wenn man den grundlegenden und zutreffenden Ausführungen des Bundesverfassungsgerichts im Gebührenurteil folgt, weder direkt noch indirekt zu Zwecken der Programmlenkung oder der Gestaltung der Rundfunkordnung benutzt werden.

Ausgangspunkt der Finanzausstattung muß nach Auffassung des Bundesverfassungsgerichts stets die Bedarfsanmeldung der jeweiligen Rundfunkanstalt sein. Diese im Gebührenurteil entwickelte Überlegung ist auf die Finanzierung der Deutschen Welle in vollem Umfang übertragbar. Sie beruht nämlich darauf, daß der Finanzausstattung die Programmentscheidungen der jeweiligen Rundfunkanstalten zugrunde zu legen sind. Diese Programmentscheidungen müssen sich naturgemäß im Rahmen des den Rundfunkanstalten vorgezeichneten und gesetzlich konkretisierten Rundfunkauftrages bewegen und unter Beachtung der Grundsätze der Wirtschaftlichkeit und Sparsamkeit umgesetzt werden.[147] Diesem Umstand trägt § 44 Abs. 2 DWG-Entwurf insoweit Rechnung als sich der Zuschuß (auch) nach dem Haushaltsplan der Deutschen Welle richten soll. Der eigenverantwortlich im Rahmen der Finanzautonomie der Deutschen Welle aufgestellte Haushaltsplan soll – wie § 47 DWG-Entwurf deutlich macht – auch die Grundlage und den Ausgangspunkt für die Bemessung des Zuschusses bilden.

Weitere verfahrensmäßige Sicherungen sind im DWG-Entwurf nicht vorgesehen. Es ist fraglich, ob damit der Rechtsprechung des Bundesverfassungsgerichts ausreichend Rechnung getragen wird. Zwar ist einzuräumen, daß bei der Finanzierung der Deutschen Welle durch einen Zuschuß des Bundes Besonderheiten zu beachten sind. Diese bestehen darin, daß auch die Souveränität des Haushaltsgesetzgebers berücksichtigt werden muß. Es erscheint aber durchaus möglich, diesen Zuschuß in einer Weise auszugestalten, der der Programmautonomie der Deutschen Welle besser Rechnung trägt. So hat der Bundesrat in seiner Stellungnahme angeregt, § 44 Abs. 2 DWG-Entwurf um einen Satz 2 zu ergänzen, der vorsieht, daß der Zuschuß als Globalbetrag (Globalfinanzierung) gewährt wird.[148] Durch eine solche Ausgestaltung des Zuschusses würde erkennbar die Gefahr verringert, mittels der Finanzierung indirekt auf das Programm Einfluß nehmen zu können. Die Deutsche Welle wäre frei, die Mittel im Rahmen ihrer Programmautonomie einzusetzen. Dem Gebot der Staatsferne wäre damit wesentlich stärker Rechnung getragen als bei einem Zuschuß, dessen einzelne Verwendungsmöglichkeiten genau festgelegt sind. Angesichts der vom Bundesverfassungsgericht betonten Bedeutung der Aufgabe, Gefahren für die Programmautonomie bei der Finanzierung öffentlich-rechtlicher Rundfunkanstalten soweit als möglich vorbeugend zu vermeiden, ist es demnach angezeigt, den Zuschuß als Globalbetrag zu gewähren, also eine Global-

---

[147] Vgl. dazu auch Hartstein/Ring/Kreile/Dörr/Stettner (Fn. 4), § 12 Rdnr. 106.
[148] Vgl. dazu Dr. 13/4708, S. 40, Nr. 9.

finanzierung der Deutschen Welle vorzusehen. Ansonsten besteht nämlich zumindest die Möglichkeit, mittels der Ausgestaltung des Zuschusses auch Einfluß auf die Programmgestaltung zu gewinnen.

4. Ergebnis

Festzuhalten bleibt demnach, daß die Finanzierungsregelungen grundsätzlich dem Anspruch der Deutschen Welle auf eine funktionsgerechte Finanzausstattung Rechnung tragen. Es ist auch angezeigt, der Deutschen Welle neben dem jährlichen Zuschuß des Bundes sonstige Einnahmemöglichkeiten, insbesondere Einnahmemöglichkeiten aus Werbung und Sponsoring, zuzugestehen, da eine solche Mischfinanzierung geeignet ist, einseitige Abhängigkeiten zu verhindern. Allerdings muß in diesem Zusammenhang beachtet werden, daß diese sonstigen Einnahmen kaum geeignet sind, in einem wesentlichen Umfang zur funktionsgerechten Finanzausstattung der Deutschen Welle beizutragen.

Es entspricht auch den Vorgaben des Bundesverfassungsgerichts, daß der Haushaltsplan der Deutschen Welle die Grundlage für die Höhe des jährlichen Zuschusses des Bundes bildet. Jedoch ist § 44 Abs. 2 DWG-Entwurf nachbesserungsbedürftig. Im Hinblick auf die Programmautonomie ist es notwendig, den Zuschuß als Globalbetrag zu gewähren, also eine Globalfinanzierung vorzusehen. Ansonsten läßt sich die Gefahr nicht ausschließen, daß durch die Ausgestaltung des Zuschusses im einzelnen mittelbar Einfluß auf die Programmgestaltung der Deutschen Welle genommen werden kann. Die in § 43 DWG-Entwurf vorgegebenen allgemeinen materiellen Kriterien, die für die Höhe des Zuschusses maßgeblich sind, lassen sich nicht bzw. kaum genauer ausgestalten. Sie sind vielmehr ein Ergebnis des Dilemmas, das stets bei der Finanzierung öffentlich-rechtlicher Rundfunkanstalten besteht, da sich weder der Programmumfang, der für die Erfüllung der jeweiligen Funktionen der Anstalt erforderlich ist, exakt feststellen läßt, noch welche Mittel der Finanzierung dieser Programme wiederum erforderlich sind.

VIII. Die Regelung über die Haushaltsführung im DWG-Entwurf

Die §§ 45–53 DWG-Entwurf sehen überaus detaillierte gesetzliche Regelungen über die Haushaltsführung der Deutschen Welle vor. Diese Regelungen gehen mit ihren detaillierten Vorgaben weit über das hinaus, was für die Landesrundfunkanstalten, aber auch im Rahmen des ZDF-Staatsvertrages bzw. des Deutschlandradio-Staatsvertrages vorgesehen ist. Gerade die Haushaltsautonomie bildet aber einen wichtigen Bestandteil der Autonomie der öffentlich-rechtlichen Rundfunkanstalten überhaupt, die Ausdruck der durch Art. 5 Abs. 1 Satz 2 GG vorgegebenen Staatsferne des Rundfunks ist.[149] Es entspricht der verfassungsrechtlich vorgegebenen Haushaltsautonomie wesentlich mehr, wenn der Gesetzgeber nur wenige Grundsätze der Haushaltsführung vorgibt und die übrigen Festlegungen den Finanzordnungen der Rundfunkanstalten überläßt. Diesem Gedanken widerspricht insbesondere die tarifvertragliche Regelung des § 46 des DWG-Entwurfs, die vorgibt, daß die Beschäftigten der Deutschen Welle nicht bessergestellt werden dürfen als vergleichbare Arbeitnehmer des Bundes. Damit wird der Deutschen Welle die Tarifautonomie, die sie als Anstalt des öffentlichen Rechts besitzt, teilweise entzogen. Letztlich bedeutet die Vorgabe der Tarifstruktur und -sätze auch eine Ausübung der Fachaufsicht, welche jedoch kraft Gesetzes ausdrücklich ausgeschlossen ist. Denn der Deutschen Welle steht nach geltendem Recht wie auch nach dem neuen Gesetzesentwurf „das Recht der Selbstverwaltung im Rahmen der folgenden Bestimmungen" zu. Die Selbstverwaltung bedeutet begriffsnotwendig, daß eine Anstalt in diesen Angelegenheiten nicht der Fachaufsicht unterstellt ist.[150] Daher kann die Möglichkeit der Selbstverwaltung auch nicht zulässigerweise in demselben Gesetz, welches sie gewährt, bereits wieder beschränkt werden. Zudem widerspricht diese Einschränkung der Tarifautonomie der Zielsetzung des Gesetzesentwurfs, welcher die Verantwortung der einzelnen Gremien stärken sollte. Hier wird jedoch die Stellung des Verwaltungsrates, der für Tarifabschlüsse zuständig ist, stark geschwächt.

Eine Haushaltsführung, bei der lediglich die Grundsätze vorgegeben sind, hat auch den Vorteil, daß die Satzungsautonomie, die ebenfalls von der Rundfunkfreiheit vorausgesetzt wird, stärker zum Tragen kommen kann. Gerade die Finanzordnungen nehmen innerhalb der Satzungsautonomie einen wichtigen Raum ein. Dadurch wird auch den gesellschaftlich relevanten

---
[149] Vgl. dazu auch Hartstein/Ring/Kreile/Dörr/Stettner (Fn. 4), vor § 10 Rdnr. 20; vgl. auch Herrmann (Fn. 112), § 13 Rdnr. 69 ff.; Bumke (Fn. 90), S. 311 ff.
[150] Vgl. Maurer, Allgemeines Verwaltungsrecht, 10. Aufl., § 23 Rdnr. 15.

Gruppen, die die eigentlichen Träger der Rundfunkanstalt sind, die Möglichkeit gegeben, über den Rundfunkrat und den Verwaltungsrat maßgeblich gestaltend mitzuwirken. Zudem weisen diese Finanzordnungen den Vorteil auf, daß auf die Besonderheiten des Rundfunks im allgemeinen und der jeweiligen Rundfunkanstalt im besonderen Rücksicht genommen werden kann.

Zwar ist durchaus einzuräumen, daß der Gesetzgeber einen gewissen Gestaltungsspielraum bei der Frage hat, inwieweit er bestimmte Grundsätze der Haushaltsführung gesetzlich vorgibt oder nicht. Die im DWG-Entwurf enthaltenen Festlegungen sind aber so weitgehend und detailliert, daß für die eigene Finanzordnung der Deutschen Welle kaum noch Raum für eigene Gestaltung verbleibt. Dies entspricht jedenfalls nicht der Verwirklichung und Gewährleistung einer möglichst weitgehenden Haushaltsautonomie. Daher ist es durchaus angezeigt, nicht nur die Globalfinanzierung zu verankern, sondern im DWG auch nur wenige Grundsätze der Haushaltsführung zu regeln, wie dies in den anderen Rundfunkgesetzen bzw. Staatsverträgen vorgesehen ist. Im übrigen sollten die detaillierten Festlegungen ganz im Sinne der Haushaltsautonomie der Finanzordnung der Deutschen Welle überlassen bleiben. Demnach entspräche jedenfalls auch die vom Bundesrat angeregte Streichung der §§ 49–53 DWG sehr viel stärker der verfassungsrechtlichen Autonomie der Deutschen Welle. Es ist – trotz des weiten Gestaltungsspielraumes des Gesetzgebers – zumindest zweifelhaft, ob die detaillierten Festlegungen der Haushaltsführung, wie sie im DWG-Entwurf vorgesehen sind – überhaupt noch mit der Haushaltsautonomie der Deutschen Welle zu vereinbaren sind.

IX. Zusammenfassung

1. Der Bund hat die Gesetzgebungskompetenz, den reinen Auslandsrundfunk zu regeln. Dies setzt voraus, daß die Sendungen allein oder doch ganz überwiegend für das Ausland bestimmt sind. Unschädlich ist allerdings, daß im Einzelfall ein „spill-over", also das Mitsehen und Mithören im Inland technisch unvermeidbar ist, wie dies etwa bei der Satellitenverbreitung regelmäßig der Fall ist.

2. Diese Kompetenz des Bundes, den Auslandsrundfunk gesetzlich zu regeln, wird durch eine Verwaltungskompetenz nach Art. 87 GG ergänzt.

a) Die Vorschrift des Art. 87 Abs. 1 Satz 1 GG greift für den Auslandsrundfunk nicht ein. Daher folgt aus dieser Bestimmung keineswegs, daß der Auslandsrundfunk als auswärtiger Dienst in bundeseigener Verwaltung zu führen ist.

b) Vielmehr ist die Verwaltungskompetenz des Bundes zur Veranstaltung von Auslandsrundfunksendungen auf Art. 87 Abs. 3 Satz 1 GG zu stützen. Auf der Grundlage dieser Bestimmung wird es dem Bund ausdrücklich ermöglicht, die Deutsche Welle als öffentlich-rechtliche Bundesrundfunkanstalt organisationsrechtlich zu verselbständigen.

3. Die Bundesrundfunkanstalt Deutsche Welle ist Trägerin des Grundrechts der Rundfunkfreiheit aus Art. 5 Abs. 1 Satz 2 GG.

a) Die Tätigkeit der Deutschen Welle wird als echter Rundfunk von der Rundfunkfreiheit tatbestandlich erfaßt; es handelt sich gerade nicht um regierungsamtliche Öffentlichkeitsarbeit nach außen.

b) Die Sendungen der Deutschen Welle wirken sich in nicht unbeachtlicher Weise auf die innerstaatliche Willensbildung aus, so daß sich die Grundrechtsfähigkeit der Deutschen Welle bereits aus dem dienenden Charakter der Rundfunkfreiheit ergibt. Darüber hinaus ergibt sich auch aus der Einbindung der Deutschen Welle in die ARD deren Grundrechtsfähigkeit bezüglich der Rundfunkfreiheit.

c) Zudem ist die dienende Funktion der Rundfunkfreiheit auch auf die individuelle Meinungsbildung bezogen. Die Meinungsfreiheit und Informationsfreiheit sind als echte Menschenrechte nicht auf das Territorium der Bundesrepublik Deutschland begrenzt. Demnach ist die Bundesrepublik bei ihrer Selbstdarstellung nach außen an das grundlegende Verfassungsprinzip der Rundfunkfreiheit gebunden. Zur Verteidigung von Eingriffen in die Rundfunkfreiheit steht der Deutschen Welle auch aus diesem Grunde die Grundrechtssubjektivität zu.

4. Wegen des Grundrechts der Rundfunkfreiheit verfügt die Deutsche Welle über eine verfassungsrechtlich vorgegebene Autonomie. Diese folgt sowohl aus dem Pluralitätsgebot als auch aus dem Grundsatz der Staatsferne.

5. Das Gebot der Staatsferne enthält ein absolutes Verbot staatlicher Eigenbetätigung im Rundfunkbereich. Daher ist es der Bundesrepublik Deutschland untersagt, auch Auslandsrundfunk in staatlicher Eigenbetätigung zu betreiben.

6. Die vorgeschlagenen Bestimmungen über die Zusammensetzung des Rundfunkrates (§ 30 DWG-Entwurf) und des Verwaltungsrates (§ 35 DWG-Entwurf) sind insgesamt mit dem Gebot der Staatsferne zu vereinbaren.

7. Funktionen der Deutschen Welle können nicht mit der Grundversorgungsaufgabe des öffentlich-rechtlichen Rundfunks umschrieben werden. Bei der Grundversorgung geht es darum, welche Pflichtaufgaben dem öffentlich-rechtlichen Bereich in einem dualen System innerstaatlich zukommen.

8. Der Programmauftrag der Deutschen Welle wird durch den Gesetzgeber bestimmt. Innerhalb dieser gesetzlichen Grenzen kommt der Deutschen Welle allerdings Programmautonomie zu. Zudem darf der Gesetzgeber im Hinblick auf die besonderen Aufgaben der Deutschen Welle bestimmte Bindungen bei der Erfüllung des Programmauftrags vorsehen. Hierbei ist aber der zunehmenden internationalen Verflechtung der Bundesrepublik Deutschland und der damit zwangsweise einhergehenden Auffächerung der Außenpolitik Rechnung zu tragen.

a) All diese Umstände werden durch § 4 Abs. 1 DWG-Entwurf in gelungener Weise berücksichtigt. Die Bestimmung reagiert auf die zunehmende Auffächerung der Außenpolitik dadurch, daß sie der Deutschen Welle den Auftrag gibt, die Reaktionen der Öffentlichkeit sowie der wesentlichen staatlichen und gesellschaftlichen Kräfte in Deutschland darzustellen und nicht mehr nur die deutsche Auffassung zu wichtigen Fragen zu erläutern.

b) Darüber hinaus tragen die vorgeschlagenen Regelungen in §§ 7f. DWG-Entwurf dem Umstand Rechnung, daß die Programmautonomie sowohl die Programmherstellung als auch die weitere Verwertung eigener Rundfunkproduktionen umfaßt. Zudem berücksichtigt § 13 DWG-Entwurf, daß auch die Information der Öffentlichkeit über Sendeinhalte mittels einer rundfunkeigenen Programmpresse der Rundfunkfreiheit unterfällt.

9. Auch wenn der Deutschen Welle keine Bestands- und Entwicklungsgarantie zukommt, ist bei der Art ihrer Finanzierung der Rundfunkfreiheit Rechnung zu tragen.

a) Für die Zeit ihres Bestehens hat die Deutsche Welle einen Anspruch auf funktionsgerechte Finanzausstattung. Die finanzielle Gewährleistungspflicht umfaßt das zur Wahrung der Funktion „Erforderliche". Bezugsgröße ist dabei das gesamte Programm der Rundfunkanstalt.

b) Eine Gebührenfinanzierung der Deutschen Welle kommt wegen der Ausrichtung der Rundfunkgebühr – unabhängig von deren genauer Rechtsnatur – auf die Gesamtveranstaltung Rundfunk in Deutschland nicht in Betracht.

c) Ein Zuschuß des Bundes ist ein zulässiges und geeignetes Mittel, die funktionsgerechte Finanzierung der Deutschen Welle herbeizuführen. Es ist auch angezeigt, der Deutschen Welle neben dem jährlichen Zuschuß des Bundes sonstige Einnahmemöglichkeiten, insbesondere solche aus Werbung und Sponsoring zuzugestehen. Allerdings ist dabei zu beachten, daß diese sonstigen Einnahmen kaum geeignet sind, in einem wesentlichen Umfang zur funktionsgerechten Finanzausstattung der Deutschen Welle beizutragen.

10. Das in § 44 DWG-Entwurf vorgeschlagene Verfahren zur Ermittlung der Höhe des Bundeszuschusses für die Deutsche Welle ist nachbesserungsbedürftig.

a) Zwar lassen sich die materiellen Kriterien des § 43 DWG-Entwurf kaum genauer ausgestalten. Es entspricht aber den Vorgaben des Bundesverfassungsgerichts sehr viel besser, den jährlichen Zuschuß – wie vom Bundesrat vorgeschlagen – als Globalbetrag zu gewähren, also eine Globalfinanzierung vorzusehen.

b) Zu Recht sieht § 44 Abs. 2 DWG-Entwurf vor, daß der Haushaltsplan der Deutschen Welle die Grundlage für die Entscheidung über die Höhe des Zuschusses bildet.

11. Die Regelungen über die Haushaltsführung sollten im Sinne der Haushalts- und Satzungsautonomie der Deutschen Welle – anders als in §§ 43–53 DWG-Entwurf vorgesehen – der Finanzordnung der Deutschen Welle überlassen bleiben. Im DWG-Entwurf selbst sind nur wenige Grundsätze der Haushaltsführung zu verankern. Dabei ist insbesondere § 46 DWG-Entwurf ersatzlos zu streichen, der nicht nur die als Teil der Haushaltsautonomie gewährleistete Tarifautonomie der Deutschen Welle, sondern auch die Kompetenzen des Verwaltungsrates in nicht vertretbarer Weise einschränkt.

The constitutional status of Deutsche Welle

Legal report

on behalf of Deutsche Welle
Raderberggürtel 50, 50968 Köln

by

PROFESSOR DR. DIETER DÖRR

Chair in Public Law including International and European Law
at the Johannes Gutenberg University in Mainz

December 1996

Foreword

by Dieter Weirich, Director-General of Deutsche Welle

The significance of Deutsche Welle as Germany's international public service broadcaster has increased both nationally and internationally in recent years. One reason for this could be the changes caused by the reunification of Germany; it may also be related to the increasing globalisation of the media.

This expert's assessment explains Deutsche Welle's status in the German media landscape. Within the framework of the freedom of broadcasting guaranteed by the country's constitution, Deutsche Welle represents an element of the freedom of opinion and information, which is essential to a working democracy. Against this constitutional background, this assessment demonstrates that the work carried out by Deutsche Welle is not governmental public relations, but independent broadcasting.

I am particularly grateful to Professor Dr. Dieter Dörr for agreeing to carry out the assessment. In addition, I am deeply indebted to Professor Dr. Dres. h.c. Klaus Stern for including the assessment in the series of publications of the Institute of Broadcasting Law at the University of Cologne.

Cologne, July 1997   Dieter Weirich

Table of Contents

I. Introduction	79
II. The bill on the German world broadcasting service of 22. 5. 96	82
1. General	82
2. Financing regulations	82
3. Regulations on the Broadcasting Council and Management Board	84
4. Regulations on production, selling of programmes and holdings	84
III. The scope of competence of the Bund in respect of the world broadcasting service	86
1. The first 'Fernsehurteil' (Decision on television)	86
2. The situation of Deutschlandfunk	87
3. Legislative competence of the Bund for the world broadcasting service	89
4. Administrative competence of the Bund for the world broadcasting service	90
IV. The world broadcasting service and the basic right of freedom of broadcasting	93
1. Introduction	93
2. The world broadcasting service and public relations	95
3. Is freedom of broadcasting applicable to Deutsche Welle under Art. 19 para. 3 GG?	98
a) General	98
b) Freedom of broadcasting as a means to serve the general public	99
c) Deutsche Welle's entitlement to basic rights and its duty to produce programmes intended for transmission abroad	100
aa) The influence on the forming of a will in Germany	100
bb) The obligation to respect binding basic rights abroad	103
4. Summary	108
V. Autonomy of Deutsche Welle and the basic right of freedom of broadcasting	109
1. General	109
2. The prohibition of State activity in the field of broadcasting	110

      3. Internal organisation of Deutsche Welle in the light of the principle of detachment from the State 112
         a) Appointing members to the Broadcasting Council 113
         b) Appointing members to the Management Board 115
         c) Conclusion 117

VI. The duties of Deutsche Welle in relation to freedom of broadcasting 118
    1. General 118
    2. Deutsche Welle's duties in terms of basic provision of information 119
    3. Deutsche Welle's duties and its autonomy to select programmes 120

VII. Financing of Deutsche Welle and freedom of broadcasting 124
    1. Entitlement to adequate funding to ensure performance 124
    2. Financing procedures 125
    3. Regulations for the financing of Deutsche Welle as per § 43 ff. DW bill 127
    4. Conclusion 131

VIII. Budget management regulations in the DW bill 133

IX. Summary 135

I. Introduction*

Deutsche Welle was founded in 1960 under the Bundesrundfunkgesetz (BRfG – Federal Broadcasting Act)[1] as the German public world broadcasting service. Initially, its purpose was to address listeners beyond the German borders in the whole world informing them of events, developments and opinions in Germany, as well as report on international events. Since the early eighties, television has coexisted with radio, but until 1992 the television division only distributed recorded programmes to foreign television channels. Today, Deutsche Welle addresses also viewers worldwide. In fact, the broadcasting area of Deutsche Welle differs from that of other public broadcasting corporations in that it lies beyond the German borders. Deutsche Welle can therefore be described as world broadcasting station for the purpose of portraying Germany all over the world.

After the reunification of Germany, broadcasting in the Federal Republic of Germany was restructured and this also affected the federal broadcasting stations. Events, such as the peaceful revolution in the former GDR and the subsequent reunification of Germany, increased the worldwide interest in German matters considerably. In addition, and more importantly, after the German reunification, the purpose of Deutschlandfunk (DLF), a broadcasting station which was set up under the BRfG too, and mainly provided people in the GDR with radio programmes, became obsolete. Deutschlandfunk (DLF) has since been replaced by Deutschlandradio, founded by the Länder on 17 June 1993 under the 'State Treaty on the public corporation Deutschlandradio'[2].

On the basis of the State Treaty of 17 June 1993[3] (Hörfunk-Überleitungsstaatsvertrag, Treaty on the transfer of radio licences) concluded between the Federal Republic of Germany and the Länder on the transfer of the rights and obligations of Deutschlandfunk and RIAS Berlin to the public corporation, Deutschlandradio, the rights and obligations of the previous German federal broadcasting station DLF and the radio station in the American sector of Berlin (RIAS Berlin), the basis of which had also become obsolete with the reunification of Germany, were transferred to a corporation

---

* I wish to express my thanks to Julia M. Cole and Mark D. Cole for the English translation of the legal report.

[1] Act of 29.11.1960 on setting up broadcasting stations under federal law, BGBl. (Federal Gazette) 1960 I, 862, last amended by the law of 20.12.1993, BGBl. 1993 I, 2246.

[2] Cf., for example, BayGVBl. (Bavarian Gazette) 1993, 1007 ff.

[3] Cf. BayGVBl. 1993, 1017 ff.

called Deutschlandradio.[4] As a result of this development, the only federal broadcasting station that has survived is Deutsche Welle. The scope of its duties has been extended considerably thanks to the increasing interest in German affairs on the one hand, and the change in media users' habits worldwide. Television has in fact become the most important means of information. While before, Deutsche Welle exclusively produced radio programmes in 34 languages, which were regularly broadcast on short wave around the globe, it has now absorbed the development towards television. This became possible, because the station RIAS Berlin was, as mentioned above, dissolved as a consequence of the restructuring of broadcasting after the German reunification, whereby the division RIAS-TV was incorporated in Deutsche Welle. Since May 1992 Deutsche Welle's new television division in Berlin has therefore been producing television programmes, which are transmitted worldwide via different satellites, alongside its radio programmes. Topical television reporting has ensured a more extensive and far thorougher coverage on Germany.

Already in the last legislation period, the changes accompanying the reunification of Germany, as well as the growing importance of Deutsche Welle as a result of the reunification and changes in habits of media users worldwide, have led to an attempt to form a new legal basis for Deutsche Welle which shall replace the current BRfG. In the last legislation period, the Bundestag (German parliament) passed a law on the German world broadcasting service by resolution of 16 June 1994[5]. After submission of the resolution, the Federal Council (Bundesrat) appealed, however, to the mediation committee.[6] Legislation procedures came to a final halt at this stage, so that a law on the German world broadcasting service did not come into force in the last legislation period.

The law has now been brought before the new Bundestag and should be passed shortly. The bill on the German world broadcasting service of 22. 5. 96 provides that Deutsche Welle shall be a public corporation for the benefit of the general public with legal capacity and the right to self-administration. A new legal basis shall also be provided for the financing of Deutsche Welle. Finally, the content and legislative intent of the bill prove that the authors of the bill assumed that Deutsche Welle is entitled to the basic right of freedom of broadcasting, i.e. that § 5 para. 1 sentence 2 GG (Grundgesetz – German constitution), in accordance with § 19 para. 3 GG is applicable in principle.[7]

In view of the above developments it is surprising that the constitutional status of Deutsche Welle has not been comprehensively examined to date.

---

[4] Cf. Hartstein/Ring/Kreile/Dörr/Stettner, Rundfunkstaatsvertrag (State Treaty on Broadcasting), 2. ed., before § 10 marginal no. 23 ff.
[5] Cf. BRats-Drs. (Federal Council report) 577/94 of 8.7.94.
[6] Cf. BRats-Drs. 577/94.
[7] See below for details of the bill.

Although important papers have been published on the question whether and to which extent Deutsche Welle is entitled to freedom of broadcasting,[8] the overall status of Deutsche Welle has not been discussed. Considering that a substantial number of publications on broadcasting law thoroughly examine Deutschlandfunk,[9] and more recently Deutschlandradio,[10] this is particularly surprising. The federal law, which is to be passed shortly, provides a reason for examining fundamental questions, most of which have not been finally clarified, about the status of Deutsche Welle in detail. The first question to be asked, is whether and to which extent the Bund (Federation)* is responsible for the world broadcasting service. In addition, the controversy over whether Deutsche Welle and its world service programmes are covered by the freedom of broadcasting is an important issue. The answer to that question will affect the autonomy of Deutsche Welle to select programmes with regard to the principle of State freedom, the internal organisation of Deutsche Welle and its financing and functional scope. With the present paper an attempt shall be made to solve the above questions. The answers to such fundamental questions will have important consequences for the legislator. The new law, which is to regulate the scope, structure and financing of Deutsche Welle in detail, will have to be drawn up so as to comply with constitutional provisions.

---

[8] Cf. for example, Cremer, Die Reform der Deutschen Welle und die Rundfunkfreiheit (The restructuring of Deutsche Welle and freedom of broadcasting), ZUM 1995, 674 ff.; Niepalla, Rundfunkfreiheit für die Deutsche Welle? (Deutsche Welle's entitlement to freedom of broadcasting), ZUM 1993, 109 ff.; Puhl, Grundrechtsschutz, Bestandsgarantie und Finanzierungsanspruch der Bundesrundfunkanstalten (Protection through basic rights, guarantee of existence and entitlement to financing of Federal broadcasting corporations), DVBl. 1992, 933 ff.

[9] Cf. Lerche, Zum Kompetenzbereich des Deutschlandfunks (The scope of competence of Deutschlandfunk), 1963; Ossenbühl, Rundfunkfreiheit und Finanzautonomie des Deutschlandfunks (Freedom of broadcasting and financial independence of Deutschlandfunk), 1969.

[10] Cf. Lerche, Rechtsgutachtliche Erwägungen zur Verwirklichung des Beschlusses der Regierungschefs der Länder vom 4.7.1991 (Nationaler Hörfunk) (Thoughts from a legal report on the implementation of the decision by the heads of the Länder governments of 4.7.1991 (National radio)), 1991, p. 39 ff.; Lerche, Das Verhältnis der "Körperschaftsmodelle zur Anstaltskonzeption" in verfassungsrechtlicher und rechtspolitischer Betrachtung – zur Diskussion um die Organisation des Nationalen Hörfunks (The relationship between corporation models and the concept of institutions under consideration of constitutional law and legal policy – the discussion about the organisation of National broadcasting), 1992; Bethge, Die verfassungsrechtliche Position von Deutschlandradio in der dualen Rundfunkordnung (The constitutional status of Deutschlandradio under the dual organisation of broadcasting), 1996.

* Translator's note: In legal terms, the Bund and Länder represent independent bodies.

II. The bill on the German world broadcasting service of 22.5.96

1. General

The Federal Government has adopted a bill for the German world broadcasting service and brought it in before the Bundestag.[11] In the explanation of the legislative intent attached to the bill, it is stated that the bill shall reflect the position of Deutsche Welle which, subsequent to the transfer of the responsibility for Deutschlandfunk to the Länder, became the sole German broadcasting station operating a world service, and therefore is in a particularly important position. In addition, the bill shall also take into account the increased importance of Deutsche Welle resulting from the fact that Deutsche Welle has been operating a television channel since May '92, which can be received worldwide via satellite. Finally, the law on the German world broadcasting service shall settle legal uncertainties which exist because current law does not provide regulations for the financing of the institution.

Art. 1 of the bill on the German world broadcasting service consists of another law, which forms the core of the bill, the law on the federal public broadcasting corporation called "Deutsche Welle" (DW law). According to the regulations of the DW bill, Deutsche Welle is a public non-profit making corporation with legal capacity and a decentralised administration. The bill provides that the purpose of Deutsche Welle shall be to broadcast (radio and television programmes) abroad. Within the scope of its duties in terms of programme which, as per § 4 of the DW bill consist in presenting a comprehensive picture of the political, cultural and economic situation in Germany, giving an objective overview of events worldwide and presenting public reactions as well as those of the major state and social forces in Germany to such events, the autonomy of Deutsche Welle to select programmes is acknowledged. The provisions under §§ 9, 10 of the DW bill shall expressly permit advertising and sponsoring of programmes. In accordance with the bill, total advertising time on Deutsche Welle television may not exceed the annual average of a maximum of 20 minutes per working day.

2. Financing regulations

The bill also provides regulations for the financing of Deutsche Welle. The principle stipulated under § 43 DW bill indicates that sufficient funds shall be made available to Deutsche Welle for producing the programmes, which

---

[11] Cf. Drs. (Parliament Bulletin) 13/4708.

are necessary for it to fulfil its legal obligation in terms of programme, while taking the technical development of broadcasting into account.

Sufficient funding shall be ensured through an annual federal subsidy, which Deutsche Welle shall receive in addition to its other income. The amount of the subsidy shall be determined on the basis of the federal budgetary law and Deutsche Welle's budget. Half of Deutsche Welle's income from advertising shall be counted towards the federal subsidy. Any other income shall not be counted towards the federal subsidy. In addition, § 45 DW bill provides that Deutsche Welle can in principle manage its budget independently.

The legislative intent states that the purpose of the above provisions on the status, duties and financing of Deutsche Welle is to secure the freedom from State influence indicated under Art. 5 para. 1 sentence 2 GG for Deutsche Welle, by stipulating a corresponding standard. Freedom of broadcasting for Deutsche Welle can only be guaranteed if the financing of programmes is secured. Accordingly, Deutsche Welle is entitled to a financial guarantee from the Bund.[12]

When presenting its opinion on the bill, the Federal Council suggested to add another point (sentence 2) to § 44 para. 2 DW bill, which shall stipulate that the subsidy is to be paid as an aggregate amount, i.e. by way of global financing.[13] The Federal Government rejected the suggestion on the grounds that global financing may entail an inappropriate restriction of the Parliament's right to decide on the budget. Conversely, the financial regulations suggested by the Federal Government would appropriately balance the rights of Deutsche Welle resulting from Art. 5 GG and the Parliament's constitutional right to decide on the budget.[14]

§ 55 DW bill stipulates that Deutsche Welle is subject to comprehensive control by the Federal Audit Office and in this sense, § 111 BHO (Federal budgetary regulations) is applicable in whole. Consequently, §§ 89–99, 102, 103 BHO also apply. This means that the legal situation of Deutsche Welle differs significantly from that of the individual broadcasting stations of the Länder. In the case of the broadcasting stations of the Länder, relevant LHO Regulations (Budgetary regulations for the Länder) are only applicable in part. In this way, an audit under budgetary regulations, which the legislators of the Länder do not consider appropriate in the case of non-state broadcasting stations, can be prevented.[15]

---

[12] Cf. Drs. 13/4708, p. 21 II A 1 and p. 30, as regards § 43.
[13] Cf. Drs. 13/4708, p. 40, 9.
[14] Cf. Drs. 13/4708, p. 42, regarding no. 9.
[15] Re. the control by the Federal Audit Office, cf. Hartstein/Ring/Kreile/Dörr/Stettner (fn. 4), § 12 marginal no. 77 ff.

3. Regulations on the Broadcasting Council and Management Board

The bill provides for a substantial change in terms of number of members and constitution of the Broadcasting Council of Deutsche Welle. In accordance with § 30 DW bill, the number of members of the Broadcasting Council shall be increased from 17 to 30. As stated in the legislative intent, the proportion of representatives of State authorities in the Broadcasting Council shall also be increased. The Bundestag and the Federal Council shall each appoint 4 members to the Broadcasting Council, and the Federal Government 5 members so that 13 of 30 representatives will be representatives of the State sector. According to the intent, this represents a share of 43.33%, in contrast with 41.17% under the present § 3 BRfG.

In addition, § 35 DW bill provides an increase in the number of members of the Management Board from 7 to 9. The German Bundestag and the Federal Council shall each elect or appoint 1 member to the Management Board and the Federal Government 2. Only 5 members shall be elected by the Broadcasting Council. In contrast with the current law, a quota of representatives from the fine arts, arts and sciences is no longer prescribed.

In its report, the Federal Council suggested to keep the number of members of the Broadcasting Council at 17, electing 2 members each from the German Bundestag and the Federal Council, as well as appointing 3 members from the Federal Government.[16] In its counter-report, the Federal Government rejected this proposal in favour of the intention to increase the number of members of the Broadcasting Council from 17 to 30.[17]

4. Regulations on production, selling of programmes and holdings

The provisions of the DW bill also allow greater freedom for Deutsche Welle in terms of production and selling of programmes, as well as holdings in other companies. The relevant regulations are stipulated under §§ 7, 8, 11 and 13, which in principle correspond to the provisions for the public broadcasting corporations of the Länder. In this respect, the proposed § 14 DW bill should be given particular attention. The article provides that in order to fulfil its function, Deutsche Welle may use the same technical transmission methods that are available to the public broadcasting corporations of the Länder. In accordance with the DW bill, this includes sending programmes to and transmitting them via satellites. In addition, Deutsche Welle shall be authorised, where necessary, to hire broadcasting stations in Germany and abroad, as well as set up, maintain and operate the required

---

[16] Cf. Drs. 13/4708, p. 39, regarding no. 7.
[17] Cf. Drs. 13/4708, p. 42, regarding no. 7.

broadcasting stations abroad. Finally, § 14 para. 3 DW bill provides that programmes of Deutsche Welle which are broadcast via satellite and distributed in other countries via earth cables shall be fed into cable networks abroad.

Further details of the bill will be discussed, where necessary, in the relevant context.

III. The scope of competence of the Bund in respect of the world broadcasting service

1. The first 'Fernsehurteil' (Decision on television)

Any other problems must be preceded by the question of the scope of responsibility of the Bund in matters regarding the world broadcasting service. Ever since the first 'Fernsehurteil' of the Federal Constitutional Court,[18] it has been undisputed that, in accordance with Art. 30, 70, 83 GG, the legislation for and management of broadcasting, are generally the responsibility of the Länder.[19] On the basis of general constitutional principles, it is clear that the Bund is only responsible for regulating the areas for which the Constitution assigns exclusive legislative competence to the Bund or, if under concurrent legislative power, where the Bund has made use of its legislative competence as entitled to under Art. 72 GG. The framework of legislative competence at Art. 75 GG enables the Bund to make general provisions only for the areas indicated.

The dispute about the legislative competence for broadcasting was triggered by the provision under Art. 73 no. 7 GG where exclusive legislative competence for post and telecommunications is assigned to the Bund. This does not mean, however, as was previously believed,[20] that the Bund has the full responsibility for broadcasting. Although broadcasting emerged from telecommunications, it has developed beyond telecommunications becoming an independent phenomenon. Accordingly, and in line with the appropriate understanding of the Federal Constitutional Court, post and telecommunications only comprise the transmission of radio and television programmes excluding work at the studio, i.e. not radio and television as a whole.[21] The purpose of Art. 73 no. 7 GG is to prevent a technical chaos in terms of transmission.[22]

---

[18] BVerfGE (Entscheidungssammlung des Bundesverfassungsgerichts, Collected decisions of the Federal Constitutional Court) 12, 205 (225 ff.).

[19] Cf. only Hermann, Fernsehen und Hörfunk in der Verfassung der Bundesrepublik Deutschland (Television and radio in the constitution of the Federal Republic of Germany), 1975, p. 258 ff.; Hartstein/Ring/Kreile/Dörr/Stettner (fn. 4), Allgemeine Erläuterungen (General notes), marginal no. 54 ff.; J. Kreile, Kompetenz und kooperativer Föderalismus (Competence and cooperative federalism), 1986, p. 125 ff., each with indications for further reading.

[20] Cf., e.g. Peters, Die Zuständigkeit des Bundes im Rundfunkwesen (The competence of the Bund for broadcasting), 1954, p. 67.

[21] BVerfGE 12, 205 (225).

[22] BVerfGE 12, 205 (230).

The restricted interpretation of "post and telecommunications", is supported by the historical interpretation and purpose and aim of Art. 73 no. 7 GG. The authors of the constitution seem to have been aware of the fact that regulations for the so-called "cultural" element, i.e. the content of programmes, do not form part of telecommunications and should therefore be the responsibility of the Länder. This also reflects the federal structure of the constitution, which in the area of broadcasting has taken into account the misuse experienced with a centralised broadcasting system. Moreover, the authors of the constitution had a broadcasting structure in view, which had been extended after World War II as a result of the occupation law.

At the same time, the question of whether and to which extent the Bund may on the basis of its exclusive competence for foreign affairs as per Art. 73 GG regulate matters relevant to broadcasting, in this context has not been solved yet. It should be remembered that in its '1. Fernsehurteil' the Federal Constitutional Court expressly left open the question as to whether the responsibility of the Bund in foreign affairs and questions concerning the whole of Germany only allow it to regulate partial aspects of the programme and individual problems of broadcasting, or whether its responsibility goes further and permits the Bund to stipulate more comprehensive regulations for programmes which are intended for other countries or for Germans, who are resident in German territory outside the Federal Republic of Germany. The Federal Constitutional Court did not make any provisions either for whether the Bund, on the grounds of its responsibility for foreign affairs and questions concerning the whole of Germany, should pass a law to establish a superior federal authority or public corporation responsible for making radio and television programmes, and whether the guidelines under Art. 5 GG for the production and producers of radio and television programmes could be legally standardised for such an office or corporation. According to the Federal Constitutional Court, such comprehensive competences of the Bund refer only to the production and producers of programmes, which are exclusively or mainly intended for transmission abroad or for Germans outside the Federal Republic of Germany, and are therefore not directly related to the case in question (the '1. Fernsehurteil' dealt with the question of competence of the Bund for domestic broadcasting).[23] It must therefore be stated that in its '1. Fernsehurteil' the Federal Constitutional Court did not expressly grant the competence for a world broadcasting service to the Bund but left this question open.

2. The situation of Deutschlandfunk

For the purposes of the present report, it is not necessary to clarify whether the Bund really was entitled to legislate in matters relating to the pro-

---

[23] Cf. BVerfGE 12, 205 (241 f.).

grammes of DLF [Deutschlandfunk], intended for Germans in the former GDR, and whether the federal responsibility for DLF programmes, despite the restrictive wording in the '1. Rundfunkurteil' (Decision on broadcasting), applied beyond the broadcasting area of the GDR, i.e. also concerned the Federal Republic of Germany.[24]

A widespread opinion, based on Lerche's findings, accepted also the competence for the whole of Germany on the grounds that the constitutional requirement of reunification obliged, in particular, the Bund as trustee of the whole State to ensure that the will for unification was activated and upheld through the media in both parts of Germany.[25] However, this is not convincing, because competences cannot be derived from the requirement of reunification. In addition, the Federal Constitutional Court in the '1. Fernsehurteil' took federal competence only into consideration for programmes which "were exclusively or mainly intended for Germans outside the Federal Republic of Germany".[26] These questions became obsolete with the reunification of Germany, which not only solved the question of the duties of DLF within Germany, which could possibly have been derived from the requirement of reunification, but its entire basis of existence disappeared. Consequently, rights and obligations of the previous federal broadcasting station were transferred to a new corporation, "Deutschlandradio", which was founded by the Länder as a public corporation.

---

[24] Cf. with regard to this question Lerche (fn. 9), p. 13 ff.; Ossenbühl (fn. 9), p. 4 f.; Stammler, Europäischer Rundfunkmarkt und innerstaatliche Rundfunkkompetenz (European broadcasting market and domestic broadcasting competence), ZUM 1988, 274 (277); P. Reinert, Grenzüberschreitender Rundfunk im Spannungsfeld von staatlicher Souveränität und transnationaler Rundfunkfreiheit (Broadcasting across the borders, an area of conflict between state sovereignty and transnational freedom of broadcasting), 1989, p. 243 ff.

[25] Cf. Lerche (fn. 9), p. 18 ff.; Ossenbühl (fn. 9), p. 5 f.; Wufka, Die verfassungsrechtlich-dogmatischen Grundlagen der Rundfunkfreiheit (Constitutional and dogmatic principles for the freedom of broadcasting), 1971, p. 106; Reinert (fn. 24), p. 250 f.; Schneider, Die Zuständigkeit des Bundes im Rundfunk- und Fernmeldewesen (The responsibility of the Bund within broadcasting and telecommunications), in: Festschrift für Carstens (Publication in honour of Carstens), Vol. 2, 1984, p. 817 ff. (821).

[26] Cf. BVerfGE 12, 205 (241 f.); hence doubting the competence of the Bund for DLF: K. Stern, Föderative und unitarische Aspekte im deutschen Rundfunkwesen (Federal and unitarian aspects of German broadcasting, in: Klecatsky, Rundfunkrecht und Rundfunkpolitik (Broadcasting law and policy), 1969, p. 26 ff. (29 f.); Fastenrath, Kompetenzverteilung im Bereich der auswärtigen Gewalt (Distribution of competence for foreign affairs), 1986, p. 177 f.; the Federal Administrative Court has also interpreted the functional scope of DLF restrictively, apparently adhering to an interpretation which conforms with the constitution, and has indicated that programmes should be directed at other European countries but **in first place** at Germans in the GDR, BVerwGE 75, 79 (81); cf. also Puhl (fn. 8), DVBl. 1992, 933 f.

3. Legislative competence of the Bund for the world broadcasting service

Even if there are doubts whether the Bund actually had sufficient competence for domestic programmes of DLF, the dominant view[27] assumes rightly that the programmes which are exclusively or in first place intended for distribution in areas outside the Federal Republic, are to be considered as foreign affairs in the sense of Art. 73 no. 1 GG. Even though such programmes do not directly address other subjects of international law, they serve, in essence, to prepare the ground for foreign relations. In the present context, it is unnecessary to examine in depth the meaning of the expression "Relations with other states shall be conducted [by the Bund]" referred to under Art. 32 para. 1 GG, and the way in which this expression relates to the term "foreign affairs" under Art. 73 no. 1 GG.[28] As a result, it is reasonable to conclude that under present circumstances, Art. 32 para. 1 GG refers only to actions carried out in conformity with international law, whereby state activities relating to other countries, such as operating a world broadcasting service or schools abroad, are not considered to be such activities. The Länder, local authorities and other authorities carrying out cross-border activities would otherwise be excluded, which in turn could not be reconciled with the actual constitutional situation. Consequently, contacts with neighbouring countries, such as the contact with embassies and authorities of the European Union, receptions for the consular corps, memoranda and speeches relating to foreign policy are, in principle, admissible and not prohibited under Art. 32 para. 1 GG and do not require the consent of the Bund. However, the Länder have competence to undertake such informal activities only inasmuch as they are responsible for the matter in legislative or administrative terms.[29] Nevertheless, it should be stated that broadcasting abroad forms part of foreign affairs in the sense of Art. 73 no. 1 GG, one of the reasons being that it does not affect the competence of the Länder to regulate, either alone or in association with other Länder, the structure and organisation of broadcasting in their respective area.[30] The regulation of a

---

[27] Cf., e.g. Puhl (fn. 8), DVBl 1992, 934 f.; Herrmann (fn. 19), p. 270 ff.; Fastenrath (fn. 26), p. 177 f.; Stammler (fn. 24), ZUM 1988, 277; Reinert (fn. 24), p. 243 ff.; Hartstein/Ring/Kreile/Dörr/Stettner (fn. 4), General notes, marginal no. 60, each with indications for further reading.

[28] A detailed discussion can be found in: Dörr/Kopp/Cloß, Die Rechtsstellung der Landesmedienanstalten in grenzüberschreitenden Angelegenheiten (The legal situation of media institutions of the Länder in cross-border matters), 1996, p. 32 ff. with indications for further reading.

[29] Cf. for details Dörr/Kopp/Cloß (fn. 28), p. 46 f.

[30] Cf. with regard to the general connection between territory and broadcasting sovereignty of the Länder: Bullinger, Satellitenrundfunk im Bundesstaat (Satellite broadcasting in the Federal State), AfP 1985, 1 ff. (2); Degenhart, in: Bonner Kommentar, second edition (1988), Art. 5 para. 1 and 2 marginal no. 636 f. with indications for further reading.

genuine world broadcasting service is therefore the responsibility of the Bund. This applies at least, where programmes are solely or mainly intended for transmission abroad, even if a spill over, i.e. viewing or listening to such programmes in Germany, technically may not be avoidable in some cases.[31]

It should be confirmed, however, that the legislative responsibility for transmissions, which in terms of area of distribution are intended for Germany and other countries, as meanwhile is regularly the case where satellites are used, under Art. 70 GG, remains with the Länder, who shall undertake to cooperate.[32] As far as broadcasting is concerned, the competence of the Bund only extends to the regulation of the world broadcasting service in legal terms, i.e. of broadcasting which is exclusively or mainly intended for other countries.

4. Administrative competence of the Bund for the world broadcasting service

There can be no doubt that the competence of the Bund to regulate the world broadcasting service in legal terms is complemented by the administrative competence as per Art. 87 GG. It is doubtful, however, whether the administrative competence regarding the production of international transmissions results from Art. 87 para. 1 sentence 1 GG, which refers to the Foreign Service,[33] or from Art. 87 para. 3 sentence 1 GG, the object of which are new federal public corporations and public institutions for matters which are subject to the legislation of the Bund.[34] It is important to find an answer to this controversial question. If the administrative responsibility for the organisation of a world broadcasting service is made subject to the provisions under Art. 87 para. 1 sentence 1 GG, this may have considerable legal and organisational implications. Consequently, Dittmann[35] and Mallmann[36] by treating "foreign affairs" (Art. 73 no. 1 GG) and

---

[31] Cf. BVerwGE 75, 79 (81).

[32] Hence Hartstein/Ring/Kreile/Dörr/Stettner (fn. 4), Allgemeine Erläuterungen (General notes), marginal no. 60; Jutzi, Nochmals: Bundeskompetenz für direktstrahlende TV-Satelliten (Again: Competence of the Bund with regard to TV satellites used in direct transmission), ZUM 1986, 21 ff. (24); Kreile (fn. 19), p. 175 ff.; Bullinger, Satellitenrundfunk im Bundesstaat (Satellite broadcasting in the Federal State), AfP 1985, 1 f.; Puhl (fn. 8), DVBl 1992, 935; Gabriel-Bräutigam, Rundfunkkompetenz und Rundfunkfreiheit (Competence and freedom of broadcasting), 1989, p. 81 ff.; Hesse, Rundfunkrecht (Broadcasting law), 1990, p. 41; the following, incorrectly derive exclusive competence of the Bund from the situation: Stammler (fn. 24), ZUM 1988, 285; Bueckling, Bundeskompetenz für direktstrahlende TV-Satelliten? (Competence of the Bund for TV satellites used in direct transmission?), ZUM 1985, 144 ff. (147 ff.).

[33] See Dittmann, Die Bundesverwaltung (The federal administration), 1983, S. 146 ff.

[34] See Herrmann (fn. 19), p. 273; Fastenrath (fn. 26), p. 177; Stammler (fn. 24), ZUM 1988, 280 und 283; Köstlin, Die Kulturhoheit des Bundes (Sovereignty of the Bund in cultural matters), 1989, p. 171 ff.; Lerche (fn. 9), p. 16.

[35] Cf. Dittmann (fn. 33), p. 146 ff.

[36] Cf. Mallmann, JZ 1963, 350 (352).

"Foreign Service" (Art. 87 para. 1 sentence 1 GG) as equal terms, conclude that the world broadcasting service must be organised as part of the Foreign service under federal administration. They therefore think that the world broadcasting service becoming an independent institution with legal capacity would be unconstitutional. Mallmann's view is even more extreme in that he considers Deutsche Welle to be unconstitutional even presuming it was organised as a dependent institution, because in that case the Bund would lack exclusive administrative competence. He goes on to state that most of Deutsche Welle's duties are not suitable for exclusive competence by the Bund, because external representation would also be successful if it is guaranteed that the relevant bodies have their say. In his view, such bodies do not require their own official broadcasting station[37]. It is incorrect to assume that foreign affairs and the Foreign Service are the same thing (see below). Mallmann's thesis that the Bund lacks the required administrative competence cannot be accepted unconditionally, because in such a case the question arises as to why the Bund should then be entitled to (exclusive) legislative competence.

For several reasons the opinions presented above lead to inappropriate results, irrespective even of the freedom of broadcasting under Art. 5 para. 1 sentence 2 GG which also applies to Deutsche Welle, as explained below. It is not cogent to assume that classifying the world broadcasting service as part of "foreign affairs" necessarily makes it part of the "Foreign Service" in the sense of Art. 87 para. 1 sentence 1 GG. Instead, the term "Foreign Service" under Art. 87 para. 1 sentence 1 GG refers to a certain organisation of authorities. Although the concession has to be made that a specific field is thereby assigned to the Bund, this field is only determined in principle. The traditional understanding of the term "Foreign Service" permits the conclusion that generally only authorities abroad which, at least in part, fulfil duties that assume legal capacity under international law, should be counted as part of it. Deutsche Welle cannot be considered to be an authority abroad, because its registered office is in Germany. In addition, it does not have legal capacity under international law, since such capacity is not required for the transmission of programmes abroad. The different areas of foreign affairs must therefore be evaluated on the basis of their function. The function of embassies and consulates abroad cannot be compared with that of a world broadcasting service, which therefore does not require a strict regime of authorities like the Department for Foreign Affairs and its representative offices abroad. Flexible forms of organisation as per Art. 87 para. 3 GG are therefore available for the fulfilment of the other different areas of foreign affairs, e.g. foreign cultural and educational policy.[38] It is certainly not

---

[37] Cf. Mallmann, JZ 1963, 350 (352).
[38] Convincingly explained by Fastenrath (fn. 26), p. 110 ff. with indications for further reading.

possible to maintain that the world broadcasting service is a core part of the Foreign Service. This applies irrespective of the fact that portraying the Federal Republic abroad as well as foreign cultural and educational policy are important means of foreign policy.[39] Finally, it should be pointed out that stations broadcasting abroad in general state practice are not bound to the Foreign Service in terms of organisation.[40] It follows from the above that the administrative competence of the Bund to produce transmissions for the world broadcasting service shall be based on Art. 87 para. 3 sentence 1 GG and not on Art. 87 para. 1 sentence 1 GG. Accordingly, if the public broadcasting corporation Deutsche Welle becomes legally independent, this does not violate any legal and organisational provisions of the constitution. The process of becoming independent is, in fact, made possible through Art. 87 para. 3 GG, which expressly permits flexible forms of organisation.

---

[39] Cf., e.g. Leisner, Öffentlichkeitsarbeit der Regierung im Rechtsstaat (Governmental public relations work in constitutional states), 1966, p. 118.

[40] As Puhl (fn. 8), DVBl 1992, 935 points out rightly.

IV. The world broadcasting service and the basic right of freedom of broadcasting

1. Introduction

The question as to whether Deutsche Welle is a subject of the right of freedom of broadcasting as per Art. 5 para. 1 sentence 2 GG is decisive for the status and duties of Deutsche Welle. Only if this condition is fulfilled, Deutsche Welle would be entitled to make use of the principle of freedom from the State or detachment from the State, which is particularly important in the context of broadcasting law. Moreover, important possibilities for the financing of Deutsche Welle would arise, if it was a subject of the above right. If Deutsche Welle can claim freedom of broadcasting, its internal organisation must also correspond to the principles developed by the Federal Constitutional Court for the broadcasting corporations of the Länder. This would in turn affect the composition of the Broadcasting Council and Management Board. The entitlement of Deutsche Welle to the basic right of freedom of broadcasting is disputed. The majority of relevant literary sources represents the opinion that as a world service broadcasting station, Deutsche Welle cannot claim entitlement to the freedom of broadcasting indicated under Art. 5 para. 1 sentence 2 GG.[41] Krause-Ablaß takes this view on the grounds that the state is only responsible for creating a broadcasting service, not for implementing it. The implementation may only be carried out by society in a legal form of indirect management. Thereby, the State cannot be considered to be part of society or an "estate among estates", be-

---

[41] Cf., e.g. Krause-Ablaß, Die Bedeutung des Fernseh-Urteils des Bundesverfassungsgerichts für die Verfassung des deutschen Rundfunks (The importance of the decision on television of the Federal Constitutional Court for the constitution of German broadcasting), JZ 1962, 158 (159 f.); Wufka, Die verfassungsrechtlich-dogmatischen Grundlagen der Rundfunkfreiheit (Constitutional and dogmatic principles for the freedom of broadcasting), 1971, p. 105; Berendes, Die Staatsaufsicht über den Rundfunk (State control of broadcasting), 1973, p. 111 ff.; Remmele, Die Selbstdarstellung der Bundesrepublik Deutschland im Ausland durch Rundfunk als Problem des Staats- und Völkerrechts (Self-portrayal of the Federal Republic of Germany abroad through broadcasting, a question of public and international law), 1979, p. 39 ff.; Dittmann (fn. 33), p. 147 f.; Ossenbühl distinguishes in: Die Finanzierung des Deutschlandfunks (Financing of Deutschlandfunk), RuF 1968, 389 (393); Dittmann, Rundfunkfreiheit und Finanzautonomie des Deutschlandfunks (Freedom of broadcasting and financial autonomy of Deutschlandfunk), 1969, p. 11 ff. which assumes that Art. 5 para. 1 sentence 2 GG may be applicable in exceptional cases, where there exists objectively a possibility that transmissions of the world broadcasting service may have a significant influence on the forming of an opinion in Germany.

cause it cannot claim to represent the interests of a group.⁴² The thesis that freedom of broadcasting does not extend to Deutsche Welle is explained by Wufka, who argues that the freedom of reporting is not granted to broadcasting stations as an end in itself, but as a means to promote the forming of a public opinion. According to Wufka, Deutsche Welle cannot contribute to the forming of a public opinion, as it is intended for countries other than Germany. Consequently, a point of reference with Art. 5 para. 1 sentence 2 GG is lacking, and therefore this article does not apply to the world broadcasting service in his view.⁴³ Berendes shares that opinion, although he admits that he would only deny the freedom of broadcasting to world broadcasting stations, which with certainty can only be received abroad, so that they cannot influence the national process of the forming of a public opinion.⁴⁴ He does, however, consider Deutsche Welle to be one of the stations which can exclusively be received abroad.⁴⁵

The question whether world broadcasting service stations may claim entitlement to the right of freedom of broadcasting has not yet been solved in judicial terms. To date, the Federal Constitutional Court has not expressed a view on this problem in its broadcasting jurisdiction. In a decision of 6. 2. 92,⁴⁶ the Administrative Court in Cologne expressed the view that Deutsche Welle could "not claim eligibility for Art. 5 para. 1 sentence 2 GG", because of "its unique statutory duty to produce programmes for transmission abroad (§ 1 para. 1 BRfG)". In its decision after appeal⁴⁷ on the same case, the Higher Administrative Court in North Rhine-Westphalia tended instead to the view that Deutsche Welle was a subject of the right indicated under Art. 5 para. 1 sentence 2 GG.

In a number of more recent papers, the opinion that Deutsche Welle can certainly claim entitlement to the right of freedom of broadcasting as per Art. 19 para. 3 GG with the result that the requirement of freedom from the State for broadcasting must also be observed in the case of Deutsche Welle, has been expressed and supported with strong arguments.⁴⁸ We shall aim to show below that such recent thoughts are, by all means, appropriate to disperse and rebut any doubts expressed in jurisdiction and literature. In order to resolve the problem whether and to which extent Deutsche Welle can

---

⁴² Krause-Ablaß, JZ 1962, 158, 160.
⁴³ Wufka, (fn. 41), p. 105.
⁴⁴ Berendes, (fn. 41), p. 112 f.
⁴⁵ Berendes, (fn. 41), p. 114.
⁴⁶ Cf. 6 K 148/89, Amtlicher Umdruck (official press), p. 25 ff.
⁴⁷ 5 A 1141/92, Amtlicher Umdruck (official press), p. 13.
⁴⁸ Cf. Puhl (fn. 8), DVBl 1992, 936 ff.; Niepalla (fn. 8), ZUM 1993, 109 ff.; Cremer (fn. 8), ZUM 1995, 674 ff.; Tillmanns/Hein, Verfassungsrechtliche Probleme bei der Finanzierung der Bundesrundfunkanstalten (Constitutional problems in financing the federal broadcasting corporations), DVBl 1990, 91 (94).

claim entitlement to freedom of broadcasting, various partial aspects must be clarified.

2. The world broadcasting service and public relations

Irrespective of the problem whether Deutsche Welle as a public corporation may claim entitlement to this basic right, in accordance with Art. 19 para. 3 GG, freedom of broadcasting would not apply at a factual level, even if the work of Deutsche Welle was not broadcasting but governmental public relations work. Although it is correct and undisputed that the individual bodies of the Bund are authorised, within the scope of their competences and also in relation to foreign countries, to carry out governmental public relations work. However, it is not possible to automatically conclude that transmissions of the world broadcasting service are in themselves part of governmental public relations work, and hence the scope of Art. 5 para. 1 sentence 2 GG does not apply.[49] Instead, the function fulfilled by a world broadcasting service station, i.e. the definition of the scope of its duties is important.[50]

In a completely different context, when making fundamental decisions, the Federal Constitutional Court has dealt with the Government's competence to carry out governmental public relations work.[51] The decisions determined the admissible extent of public relations work by the Government admissible prior to elections. At the same time, the Federal Constitutional Court also announced basic principles on the admissibility of public relations work and explained, what should be considered to be public relations. The Federal Constitutional Court assumes that public relations work carried out by the Government and legislative bodies is not only admissible, but appropriate in constitutional terms. This follows also and above all from the principle of democracy laid down in the constitution, which requires that the forming of a public opinion develops from below to the top, i.e. from the people to State bodies. Such forming of an opinion, which is an essential condition for democracy, can only be possible if citizens have access to the necessary information. This in turn assumes that the Government informs citizens about its activities. On the other hand, the principles of democracy and the constitutional state clearly restrict public relations work. The forming of an opinion from below to the top is only possible, where citizens are not influenced by state bodies. In addition, in free democracies the

---

[49] As Remmele, Die Selbstdarstellung der Bundesrepublik Deutschland im Ausland durch den Rundfunk als Problem des Staats- und Völkerrechts (Self-portrayal of the Federal Republic of Germany through broadcasting abroad, a question of public and international law), 1979, p. 19 ff. and 39 ff., however seems to assume.
[50] As indicated rightly by Puhl (fn. 8), DVBl 1992, 936 and 938 f.
[51] Cf. BVerfGE 44, 125 (149 ff.); 48, 271 (279 ff.); 63, 230 (242 ff.).

Government's duty is for a limited period only, as results from the principle of governing for a limited period which is necessarily prescribed in a constitutional democracy. Therefore, the limit for admissible public relations work in connection with elections coincides with election propaganda.[52]

Public relations work in the above sense may also be disseminated via radio waves, but must be transmitted by the Government itself or the public relations body of the Bund, who have to assume the responsibility for such measures. Public relations merely covers the reporting of facts which provide the information necessary for forming an opinion but which do not influence the process of forming a will. Accordingly, the Federal Government's and, in the case of broadcasting stations of the Länder, the Länder Governments' so-called right to make statements in the event of a catastrophe or other serious dangers to public safety and order, come under the competence of public relations.[53] If such governmental statements are made as part of a transmission, it is an obvious consequence that the responsibility lies with the Government which is entitled to the right to make statements.[54] There exist no objections to transmitting such official statements via a government broadcasting station. However, the activities of such a broadcasting station would have to be limited exclusively to such official statements, i.e. measures of public relations work.[55]

The functional scope of the world broadcasting service, Deutsche Welle, is however, and has always been considerably greater. The duties of Deutsche Welle under the currently valid BRfG are to produce programmes for transmission abroad and to present and explain to its listeners and viewers abroad among other things the opinion prevailing in Germany on important matters. In accordance with the proposed provision under § 5 para. 3 DW bill, Deutsche Welle shall no longer be expressly bound to consider the fact that the programmes of Deutsche Welle may affect the Federal Republic of Germany's relations with foreign countries. Such an undertaking was laid down in previous bills. Nonetheless, in the intent to the bill it is indicated that in its reporting Deutsche Welle shall show some consideration for the Bund in terms of foreign policy, since the existence of Deutsche Welle is based on the responsibility of the Bund to cultivate relations with other countries (Art. 32 GG). It is therefore logical that under § 26 BRfG, the Federal Government is granted the right to make statements as part of the programme of Deutsche Welle, and that departing from the director's responsi-

---

[52] According to BVerfGE 63, 230 (242 f.); 44, 125 (152).

[53] Cf. Bilstein, Rundfunksendezeiten für amtliche Verlautbarungen (Broadcasting times for official statements), 1992, which expands on the Government's right to make statements; see also Hartstein/Ring/Kreile/Dörr/Stettner (fn. 4), before § 10 marginal no. 51 f.; generally on public relations work: Schürmann, Öffentlichkeitsarbeit der Bundesregierung (Public relations work of the Federal Government), 1992.

[54] Cf., e.g. § 12 ZDF-StV (State Treaty on the ZDF), §§ 28 f. BRFG.

[55] As Puhl indicates rightly (fn. 8), DVBl 1992, 936.

bility which otherwise applies as per § 28 para. 2 BRfG, the Federal Government as per § 29 BRfG is itself responsible for the contents and presentation of such statements. Corresponding regulations for the right to make statements are also provided under §§ 15, 21 para. 3 DW bill.

The concrete world broadcasting corporation Deutsche Welle is entrusted with duties that go far beyond governmental public relations work.

Compared with the currently valid BRfG, the DW bill describes the scope of programmes in greater detail under § 4 DW bill, requiring that Deutsche Welle shall also provide an objective overview of events worldwide and portray the reactions of the public as well as those of the major state and social forces in Germany to these events. In addition, Deutsche Welle shall provide a comprehensive picture of the political, cultural and economic situation in Germany. The scope of programmes, according to the new wording of the DW bill, thus goes beyond its original and to date valid duties. These duties included a comprehensive picture of the political, cultural and economic situation in Germany as well as an objective overview of events worldwide. However, according to the DW bill the relevant standard shall no longer be the representation and explanation of the "opinion prevailing in Germany on important matters", but the presentation of "the reactions of the general public as well as those of the major state and social forces in Germany" to such events. The new wording highlights Deutsche Welle's obligation to reflect the entire spectrum of opinions, i.e. to provide diversity. This wording meets the requirement of freedom of broadcasting and the associated autonomy to select programmes more comprehensively than the version of § 1 para. 2 BRfG which is still in force. Even though representing a comprehensive picture of the political, social and cultural situation, in accordance with the above provision, already implies that a comprehensive picture can only be represented if the multiplicity of political opinions, any cultural trends and any areas of economic are given full coverage.[56] The bill ensures explicitly that it is legitimate for Deutsche Welle to represent different opinions. A world broadcasting service whose duties comprise comprehensive and balanced reporting, goes far beyond what is covered by governmental public relations work and is therefore not a pure bulletin-type broadcasting station with the instruction of giving a governmental self-portrayal. It would be incorrect to use the term broadcasting station for such a bulletin-type broadcasting station. A more appropriate description would be "citizens bandwidth for statements". Consequently, with Deutsche Welle the Bund has created an institution which operates a full broadcasting service and does not merely carry out official kind of public relations work for the Government. If the Bund wishes to establish this institution, it cannot do so by stating its competence for public relations but must observe the principles which apply to broadcasting.

---

[56] Niepalla, ZUM 1993, 109, 112.

It can be confirmed that Deutsche Welle undoubtedly operates a full broadcasting service. The function Deutsche Welle fulfils, goes far beyond governmental public relations work. It is therefore logical that the Government is granted the right to make statements as part of the programme of Deutsche Welle, as applies in the case of other broadcasting stations, which the Government can, at its own responsibility, make use of as part of its competence for publicity. The above points show that Art. 5 para. 1 sentence 2 GG is applicable, because Deutsche Welle is not a mere tool of governmental public relations work abroad but operates a full broadcasting service.

3. Is freedom of broadcasting applicable to Deutsche Welle under Art. 19 para. 3 GG?

It cannot be concluded from the above that freedom of broadcasting is applicable in the case of Deutsche Welle, i.e. that Deutsche Welle may avail itself of that basic right as per Art. 19 para. 3 GG. The regulation indicated under Art. 19 para. 3 GG provides that legal entities may avail themselves of certain basic rights if these apply in principle to legal entities.

a) General

Above all it should be stated that the Federal Constitutional Court is generally unfavourable to accepting the entitlement of public corporations to basic rights. In accordance with the consistent practice of the Court, exceptions are only made if the institution in question was expressly granted a basic right or if the nature of the institution means that it has to protect basic rights in an area, where they are independent from the State. On the basis of the above, the basic right resulting from Art. 5 para. 1 sentence 2 GG has for a long time been acknowledged for public broadcasting corporations.[57] The Federal Constitutional Court is consistent in assuming that an entitlement to basic rights is only partial, i.e. applies only with regard to a basic right that has expressly been granted to a public corporation. According to this jurisdiction, broadcasting stations can only claim entitlement to the right indicated under Art. 5 para. 1 sentence 2 GG but not to other basic rights, such as those indicated under Art. 9 para. 3 GG or Art. 2 para. 1 GG.[58] An objection to Deutsche Welle's possible entitlement to a basic right can therefore not be made on the grounds of Deutsche Welle being a public

---

[57] Cf., e.g. BVerfGE 45, 63 (79), consistent practice of the court; fundamental for this issue: Bethge, Die Grundrechtsberechtigung juristischer Personen nach Art. 19 Abs. 3 GG (Entitlement of legal entities to basic rights as per Art. 19 para. 3 GG), 1985, p. 83 ff.

[58] Cf., e.g. BVerfGE 59, 231 (254f.); 78, 101 (102f.); 83, 238 (312).

corporation. A partial entitlement to the basic right under Art. 5 para. 1 sentence 2 GG can, in principle, be considered for Deutsche Welle; such an entitlement could only be excluded in view of Deutsche Welle's special, international duties. In order to solve the problem whether an entitlement to basic rights also applies to a broadcasting station whose programme duties are at an international level, the relationship between the objective content of freedom of broadcasting and subjective entitlement of public broadcasting corporations to basic rights must first be discussed.

b) Freedom of broadcasting as a means to serve the general public

The Federal Constitutional Court is consistent in its practice assuming that freedom of broadcasting is to be understood as a means to serve the general public.[59] The assumption is based on the fact that basic rights usually comprise the freedom to rights which serve the personal fulfilment of individuals and are therefore considered to be legal and subjective rights which allow individuals to act in their personal interest. At the same time, according to this understanding there are also guaranteed rights which, in the interest of third parties, are protected from State constraints and intervention. Such basic rights are described as rights to freedom that serve the public or third parties. In this sense, freedom can also signify that a subject of law is granted the autonomy to act, organise and decide, either because there is a public interest in an intellectual or material product,[60] which is the result of an autonomous action, organisation and decision or because the protection of rights to act serves to guarantee the legal status and freedom of third parties.[61] This category of third party rights to freedom, which according to the traditional jurisdiction of the Federal Constitutional Court includes the freedom of broadcasting, comes closest to the definition of a guarantee of the freedom to serve the general public.[62]

Freedom of broadcasting is, in first place, a third party right to freedom, which serves the free forming of an opinion of individuals and the public in general and represents a basic condition for the functioning of a democracy.

---

[59] Cf., BVerfGE 90, 60 (87 ff.); 87, 181 (197); 83, 238 (295); 57, 295 (319).

[60] This situation occurs, for instance, in the case of constitutional guarantee of freedom to research in favour of University lecturers, who are employed as civil servants; in this sense BVerfGE 47, 327 (379), but in more detail Burmeister, Die Freiheit von Forschung und Lehre – Typus eines dritt- oder gemeinnützigen Individualrechts (Freedom of research and teaching – model of a third party right or general public right of freedom for the individual), in: 10 Jahre Fachhochschule für Verwaltung des Saarlandes (10 years Technical college for administration, Saarland), 1991, p. 63 ff. (77 ff.).

[61] This is the case for freedom of broadcasting, cf. Niepalla, Die Grundversorgung durch die öffentlich-rechtlichen Rundfunkanstalten (Provision of basic information supplied by public broadcasting stations), 1990, p. 21 ff.

[62] As Niepalla states (fn. 61), p. 6 ff.; Stock, Medienfreiheit als Funktionsgrundrecht (Media freedom as basic right to functional guarantee) 1985, p. 325 ff.

Broadcasting is in fact both a medium for and factor of the constitutionally protected process of forming a free will and opinion.[63] This means that the mass media radio and television not only reflect a multiplicity of opinion and make it possible to inform people and have public debates, but also act as agents in a process of communication which ultimately influences and participates in forming a public opinion. Consequently, it is correct to state that broadcasting forms a "constituent part" of the free and democratic forming of an opinion and the democratic order.[64]

In view of the special function of broadcasting, the entitlement to basic rights is acknowledged for public broadcasting corporations. Such corporations are therefore granted the possibility of warding off any infringement on the freedom of broadcasting by filing a complaint of unconstitutionality.[65] The fact that freedom of broadcasting is intended to serve the process of forming an opinion in Germany, i.e. to enable democracy in Germany only, may, however, represent a problem. On this basis, the activity of Deutsche Welle, which aims to produce programmes for transmission abroad, could in certain circumstances be excluded from the freedom of broadcasting understood as a means to serve the general public, the consequence being that Deutsche Welle could not claim entitlement of the right of freedom of broadcasting.[66]

c) Deutsche Welle's entitlement to basic rights and its duty to produce programmes intended for transmission abroad

aa) The influence on the forming of a will in Germany

Even assuming that freedom of broadcasting is exclusively a means to serve the general public and, in terms of the democratic principle, refers exclusively to the process of forming a will in Germany, this does not mean that Deutsche Welle and its activities are excluded from the scope of protection indicated under Art. 5 para. 1 sentence 2 GG. Such a conclusion would only apply if the activities of Deutsche Welle could not have an influence on the democratic forming of a will in the Federal Republic of Germany.

In this context, it should be considered that, depending on the location of the broadcasting station, the frequency and weather conditions, the possibility of listening to or seeing programmes which are intended for an audience abroad exists, to a varying degree, also in Germany. It has always been inherent to broadcasting that radio and television programmes are supranational or in the words of the Federal Constitutional Court, transmission

---

[63] As stated in BVerfGE 12, 205 (260); cf. BVerfGE 83, 238 (296).

[64] Cf. BVerfGE 74, 297 (328), consistent practice of the court.

[65] Cf. BVerfGE 31, 314 (322); 59, 231 (254); 74, 69ff.; 74, 297 (317f.); 78, 101 (102f.); 87, 334 (339); 88, 25ff.; 90, 227 (284).

[66] See, e.g. Wufka (fn. 40), p. 105; Berendes (fn. 40), p. 112f.; Remmele (fn. 40), p. 44f.; Dittmann (fn. 33), p. 147.

waves do not stop at the frontiers.[67] Crossing frontiers is a situation which cannot be avoided, even when programmes are intended for transmission abroad. As a result of the advance of satellite technology, this circumstance has acquired a new, global dimension. Satellite technology makes it possible for approx. 400 million people in Europe alone to receive a transmission. Consequently, it is unavoidable that television programmes transmitted by Deutsche Welle via satellite are also received by people in Germany, who have appropriate satellite receivers. Such dramatic technical changes have considerably increased the possibility for listeners or viewers in Germany to receive Deutsche Welle programmes which are intended for an international audience. The obvious consequence is that the programmes of Deutsche Welle can have a significant influence on the forming of a will in Germany.

Another important circumstance, which has generally been overlooked, is the fact that the programmes of Deutsche Welle are also intended for Germans, who are staying or permanently resident abroad. The activities of Deutsche Welle are in fact also intended to enable Germans abroad to form an objective opinion. There can therefore be no doubt about the repercussions of radio and television programmes intended for transmission abroad on the forming of an opinion in Germany. A large number of Germans receive the German programmes of Deutsche Welle worldwide, either when on holiday or business abroad. In the course of the increasing mobility in the employment market, which in Europe has its basis in Community law, such temporary stays abroad have become more frequent among Germans and will further increase as a result of the internationalisation of all walks of life. Among the listeners and viewers of Deutsche Welle programmes, there are undoubtedly also Germans, who are staying in other countries temporarily as part of a business or private trip abroad. The rising number of Germans who are resident in Germany but spend long periods abroad at regular intervals, must also be taken into account. Numerous German pensioners who spend the winter on the Canary Islands are one example. A heightened need for information about developments in German society, politics and culture can be determined particularly during such temporary, medium-term stays abroad.

The programmes of Deutsche Welle are also aimed, however, at Germans who live in another state permanently. Compared with the previous legal situation, their right to vote members of the Federal parliament has been considerably extended since the amendment of the Federal Electoral Act in 1985[68]. Already in 1987, there were an estimated 478,000 Germans[69] abroad who were entitled to vote, which at the time represented more than 1% of

---

[67] Cf. BVerfGE 12, 205 (251).

[68] Cf. 7. Law amending the Federal German voting law as of 8. 3. 1985, BGBl. 1985, 421.

[69] Cf. for this Puhl (fn. 8), DVBl 1992, 937.

the electorate. Assuming a situation with only a slight majority, these potential voters become significant. The programmes of Deutsche Welle, which are aimed at those Germans, clearly influence the forming of an opinion in Germany. In this sense, transmissions of Deutsche Welle serve the freedom of information of those Germans, in the interest of the democratic forming of a will. The currently valid § 27 BRfG takes this circumstance into account by providing that political parties are granted an entitlement to appropriate station time in the programme of Deutsche Welle during their participation in elections for the Bundestag. Such station time was only granted to political parties in the understanding that programmes of Deutsche Welle are also suitable to achieve effective advertising during elections.[70] However, in accordance with the jurisdiction of the Federal Constitutional Court, the legislator is not forced to grant station time to parties for party-political broadcasts, because no original claim other than that arising from the principle of equality exists for the granting of station time to political parties.[71]

As Deutsche Welle is fully incorporated in the ARD (1st German public television channel), irrespective of Deutsche Welle's target being an international audience, it cannot be deprived of protection through the basic right of freedom of broadcasting. As a full member, Deutsche Welle is entitled to vote and participates in numerous joint institutions of ARD.[72] Deutsche Welle and the Länder broadcasting stations exchange programmes regularly. Deutsche Welle uses ARD productions and supplies other members with its own programmes. This kind of integration was intended by the legislator, as § 15 BRfG proves, and the intention has been incorporated without qualification in the present bill, which makes it impossible to clearly separate Deutsche Welle from the Länder broadcasting stations. If different legal standards were applied to Deutsche Welle than to other members of the ARD, the exchange of programmes and Deutsche Welle's right to vote would ultimately also endanger the existing constitutional provisions for the other stations, which would lead to a gap in the protection. The consequence of integration in ARD is that in constitutional terms Deutsche Welle is entitled to be treated equal to other members of ARD so that the basic right of freedom of broadcasting is applicable.

In view of the above, it can be confirmed that Deutsche Welle programmes influence the process of the forming of an opinion in Germany. Firstly this applies, because although Deutsche Welle programmes are intended for other countries, they can be received in Germany. Due to the technical changes in transmission and receiver systems, this circumstance

---

[70] This was expressly stated in connection with the programmes of what previously was the DLF in: BVerwGE, 75, 79 (82).
[71] Expressly in BVerfG, AfP 1993, 647 (648).
[72] E.g.: IRT, ZFP, ZSK and SRT.

has become even more important. Secondly, Deutsche Welle programmes are also intended for Germans who are temporarily abroad, either on holiday or business. Thirdly, Deutsche Welle programmes are also aimed at Germans who live abroad permanently and are, in accordance with the electoral law, entitled to vote in elections for the Bundestag. Accordingly, the aspect of freedom of broadcasting to serve the general public supports Deutsche Welle's entitlement to the right of freedom of broadcasting, even if this aspect is only considered in connection with the forming of a will in Germany. The necessity of constitutional protection also results from the comprehensive integration of Deutsche Welle in ARD.

bb) The obligation to respect binding basic rights abroad
Irrespective of the above effects on the forming of a will in Germany, basic rights are binding for a world broadcasting service for another reason. Freedom of information is of prime importance, in particular with regard to the concept of serving the general public and also, though not only, because of the implications for the functioning of democracy. The Federal Constitutional Court has, indeed, underlined the importance of broadcasting being free because of its role in the forming of an opinion at the level of individuals.[73] The broadcasting of comprehensive and free information is a necessary prerequisite of making use of the freedom of expression. Art. 5 para. 1 sentence 1 GG guarantees unrestricted freedom for everybody to obtain information from generally accessible sources, i.e. mass media. The significance of such freedom depends largely on broadcasting being free, i.e. independent from the State, which proves that there are strong links between freedom of information, expression and broadcasting, as has always been emphasised by the Federal Constitutional Court, and is reflected in the idea of freedom of broadcasting as a means to serve the general public.

In the light of the above links, it is necessary to examine whether basic rights are binding for the world broadcasting service operated by the Federal Republic of Germany with regard to the effects of this service abroad. The jurisdiction of the Federal Constitutional Court acknowledges in principle that the scope of basic rights is binding for German public authorities, even if the effects of their actions are felt outside the territory of the Federal Republic of Germany.[74] However, the extent of the protection through basic rights from actions taking effect abroad, has not been clarified.[75] Some

---

[73] Cf. BVerfG, JZ 1994, 515.

[74] Cf. e.g. BVerfGE 57, 9 (23) – on the question of compatibility with basic rights regarding a German request for extradition from Switzerland; BVerfGE 6, 290 (295) – on the review of a law consenting a treaty under international law by means of a complaint of unconstitutionality.

[75] A very important work dealing with this question in connection with the foreign citizens law is: Cremer, Der Schutz vor den Auslandsfolgen aufenthaltsbeendender Maßnahmen (Protection from the effects of measures terminating a stay abroad) 1994, p. 180–191.

important principles on the question whether basic rights shall be considered in situations involving other countries, have been determined by the Federal Constitutional Court in the so-called "Spanier-Entscheidung" (Spaniard's decision).[76] In that decision, the Court first acknowledged that basic rights are applicable in principle in cases of international private law.[77] With regard to the scope of basic rights, it is necessary to differentiate and thereby consider the peculiarities of international private law. The decision states that the scope of basic rights should be determined in detail on the basis of the interpretation of the specific basic rights standard. An unrestricted implementation of a basic right in matters relating partly or wholly to other countries may fail to achieve the purpose intended with the protection of basic rights. It is important to establish whether a basic right requires that a certain relationship exists with the order of life in the area of application of the German constitution.[78] In accordance with such jurisdiction, it is crucial whether the basic right is specifically tailored to the German legal system or not.

Where a basic right depends on the legal structure in the above sense, it is not applicable in transnational situations. If, however, a basic right does not substantially depend on the legal structure, it is relevant in cases involving other countries. The constitution gives the following important indications on this matter. Art. 1 para. 1 GG stipulates that human dignity may not be violated and confirms the obligation of any state authorities to respect and protect human dignity. These provisions are followed immediately by the statement under Art. 1 para. 2 GG that human rights may not be violated and are inalienable. From the point of view of the constitution, the non-violable and inalienable human rights are therefore not only the basis of the state order established in the constitution, but of any community, society or state. The following basic rights, which in accordance with Art. 1 para. 3 GG as directly applicable law are comprehensively binding for public authorities, go beyond the "minimum standard" provided by human rights. Where the contents of basic rights is identical to that of human rights, in the view of the originator of the constitution the basic rights exist, irrespective of the form determined by the specific legal system of the constitution.[79]

On the whole, the above allows the conclusion that from the perspective of the constitution those basic rights, which in essence are human rights, are less bound to the legal system. The right to express and spread one's opinion orally, in print or pictures exists accordingly, independent of the legal system and is therefore applicable in transnational cases. The right of free expression of opinion, in its full meaning, is the most direct expression of

---

[76] Cf. BVerfGE 31, 58.
[77] Cf. BVerfGE 31, 58 (77).
[78] BVerfGE 31, 58 (77); cf. also Cremer (fn. 75), p. 325–330.
[79] Cfl. also BVerfGE 31, 58 (75f.), see (with regard to the whole point) Cremer (fn. 8), ZUM 1995, 676ff.

human personality in society and therefore one of the most noble human rights.[80] Consequently, it is fully protected by the provisions under Art. 10 ECHR. In the above sense, freedom of speech is not a specific provision of the German constitution but a generally applicable human right.

It follows that the free and individual expression and forming of an opinion abroad must not be impaired by German public authorities.[81] This situation affects the applicability of freedom of broadcasting in cases involving other countries. As shown above, broadcasting has a considerable influence on the forming of an opinion. Freedom of information and consequently, the free forming of an opinion would be considerably impaired if the German world broadcasting service were permitted to intentionally manipulate and unilaterally influence people outside the German territory in the process of forming an opinion.

Another consequence is therefore that the objective principle of freedom of broadcasting must be applicable in an international context. This is the idea underlying the jurisdiction of the Federal Constitutional Court on the function of the freedom to serve the general public. In fact, the Federal Constitutional Court has always pointed out that Art. 5 para. 1 GG stipulates that broadcasting must neither be handed over to the state nor to any social group.[82] Broadcasting shall instead be organised in such a way as to ensure that any relevant groups shall have an influence on their [representative] bodies and are given space in the overall programme structure to present their concerns. Moreover, binding guidelines that guarantee a balanced representation, objectivity and mutual respect shall exist for the contents of the overall programme. A positive structure shall, in other words, ensure that a multiplicity of existing opinions find as diverse and complete an expression as possible on radio and/or television so as to offer comprehensive information.[83] Such indications show that the function to serve the general public has not only been put in relation to the forming of a democratic and institutional public opinion, but has also been linked expressly to the individual forming of an opinion.

The function of freedom of broadcasting as a means to serve the general public is therefore clearly connected with the right of individuals, irrespective of the place of residence of listeners or viewers of German radio and television programmes. This fact cannot be contested as Ossenbühl has attempted to, by claiming that because foreigners have regular access to additional sources of information, there is no need to extend freedom of broadcasting in territorial terms.[84]

---

[80] Cf., e.g. BVerfGE 7, 198 (208); 69, 315 (344f.); 82, 272 (281).
[81] BVerfGE 6, 32 (44) was already to be read in this sense.
[82] Already laid down in BVerfGE 12, 205 (262).
[83] Indicated in detail BVerfGE 57, 295 (320); 59, 231 (257f.); 73, 118 (124f.); 74, 297 (323f.); 83, 238 (296ff.); 87, 181 (197ff.).
[84] Cf. Ossenbühl (fn. 40), p. 12f.

It would be difficult to accept a situation where the Federal Republic of Germany was allowed to deviate from fundamental constitutional principles when representing itself abroad, while having to adhere strictly to such principles in a domestic context. Such a breach would appear to be very strange. It would seem far more convincing to allow deviations from objective principles which are binding within the State territory, only where such deviations can be constitutionally justified with the peculiarities of foreign policy. However, this assumes that the idea of freedom of broadcasting applies in principle. Any exceptions from principles which derive from this idea, must always be justifiable on the basis of the constitution.[85] In short, the constitution is binding for the German world broadcasting service as a result of the basic right of freedom of broadcasting. This also applies in respect of the effects of German broadcasting abroad and irrespective of the indirect effects on the forming of a will in Germany.

The above outcome, which is based on the jurisdiction of the Federal Constitutional Court, results in the following consequence. If basic rights are binding for Deutsche Welle, Deutsche Welle must necessarily be granted entitlement to basic rights in order to defend the basic right of freedom of broadcasting. From the outset, the Federal Constitutional Court has granted public broadcasting corporations the entitlement to basic rights, because they have been assigned freedom of broadcasting.

The acknowledgement of Deutsche Welle's entitlement to basic rights can also be explained historically as a result of the National Socialist abuse of broadcasting for the purpose of propaganda. After World War II, the Allies restructured the broadcasting system in Germany.[86] Once the four Allies had assumed power in Germany in 1945, Germans were forbidden to carry out any broadcasting activities. In the US military zone it was already established in 1947 that the control of tools of public opinion, such as the press and broadcasting, had to be exempted from governmental control. Only in the Soviet military zone, the separation of government and broadcasting as part of freedom of broadcasting was never a top priority. Finally, in 1948/49, six German broadcasting stations were set up in the three western military zones, which were organised in the form of independent public corporations basing on the model of the BBC. In order to avoid further abuse of this instrument of publication, German politicians shared the opinion that broadcasting should not be part of or made dependent on the general executive power of the State. Due to a lack of funds, private broadcasting companies were no option, so that the organisation of broadcasting in an already established form in public administration, the legal institution of an independent public corporation, was an obvious choice. This kind of

---

[85] Cremer examines this problem thoroughly (fn. 8), ZUM 1995, 676 ff.
[86] Cf. Hartstein/Ring/Kreile/Dörr/Stettner (fn. 4), EG marginal no. 1 ff.; Herrmann, Rundfunkrecht (Broadcasting Law), § 4 marginal no. 23 ff.

institution seemed appropriate, because it was "nobody's possession, neither the possession of private shareholders nor of the state".[87] In order to achieve the desired independence from the State, it was provided that broadcasting stations were to be exempted from supervision by a State authority, granted the right of self-administration and be as economically independent as possible. The fact that the organisation of broadcasting was not expressly laid down in the constitution of 1949, was due to a forward-looking decision, which accounted for the protection of freedom of broadcasting possibly applying to different forms of organisation of broadcasting stations, and not due to a decision against the form of public corporations. A historical retrospective can explain why broadcasting stations are endowed with specific rights, and structured as independent organisations which are detached from the State. One of the effects of the entitlement to rights is the partial entitlement to basic rights as per Art. 5 GG, for broadcasting stations can only assert their independence if they are in a position to defend themselves against any violation of that independence by the State. Such a position is safeguarded under Art. 5 GG, which therefore applies to broadcasting stations. Because of the origin of the guarantee of independence, no distinction can be made between public institutions under Land or federal law. What matters is that the independence of broadcasting shall be ensured. The provision also covers institutions, which operate a world broadcasting service under federal competence, because such institutions carry out a "genuine" broadcasting service rather than public relations work; as explained above.

Accordingly, Deutsche Welle is entitled to basic rights on the above grounds, i.e. irrespective of its effects on the process of forming an opinion in Germany, and can therefore defend violations of the freedom of broadcasting with the complaint of unconstitutionality. With regard to the regulations of the constitution for the Foreign Service, it must be mentioned that these may be subject to some peculiarities which allow certain deviations from principles that must be observed in Germany.

Other standards also indicate that Deutsche Welle's position is equal to that of the public corporations of the Länder and, consequently, Deutsche Welle is positively entitled to basic rights. In accordance with § 69 para. 4 sentence 5 BPersVG (Public Service Staff Representation Act), broadcasting stations subject to federal law like the broadcasting stations of the Länder, have a limited right of codetermination in personnel matters regarding employees, who have a significant role in selecting programmes. The limitation of codetermination is a direct consequence of the freedom of broadcasting which applies to broadcasting stations. The regulation shows like § 42 BDSG (Federal Data Protection Act), which states that a data protection officer is required for broadcasting stations which are subject to federal law, that Deutsche Welle in its capacity as a broadcasting station under federal

---

[87] Magnus, RuF 1959, 264.

law has the same status as a public broadcasting corporation of a Land. In terms of data protection, § 41 para. 3 BDSG expressly includes broadcasting stations subject to federal law in the media privilege applying to the press, film industry and other broadcasting. In addition, the indications under § 1 para. 1 BRfG show that Deutsche Welle was established as a public corporation with a right to self-administration. The above points demonstrate that the legislator, i.e. the Parliament as a directly elected democratic body, has always expressly granted Deutsche Welle the entitlement to basic rights as per Art. 5 GG. There can therefore be no doubt about Deutsche Welle's entitlement to the basic right of freedom of broadcasting.

4. Summary

The outcome of the above considerations is that Deutsche Welle, in accordance with Art. 5 para. 1 sentence 2 GG, is entitled to the basic right of freedom of broadcasting.

The activities of Deutsche Welle, which are classified as broadcasting, are included in the freedom of broadcasting. This situation would only change in the event that the State would use radio and/or television purely as a means of distribution for governmental public relations work abroad. The latter would basically comprise official statements distributed via electromagnetic waves. The duties and programme structure of Deutsche Welle prove, however, that its activity extends far beyond public relations work. Deutsche Welle operates a genuine broadcasting service.

Deutsche Welle transmissions also have a considerable influence on the forming of a will in Germany, which means that Deutsche Welle's entitlement to basic rights results from freedom of broadcasting as a means to serve the general public, even if this aspect is strictly applied, and restricted, to the forming of a will in Germany.

Furthermore, any broadcasting activity of the Federal Republic of Germany, which is aimed at other countries, is subject to the constitution, even if the influence on the forming of a will in Germany is ignored. Freedom of broadcasting as a means to serve the general public relates also to the forming of an opinion of individuals. Being genuine human rights, freedom of opinion and information, are not limited to the territory of the Federal Republic of Germany. The Federal Republic is therefore subject to the fundamental constitutional principle of freedom of broadcasting when it portrays itself abroad. Certain principles, which result from the freedom of broadcasting and must be strictly abided by in Germany, may be subjected to some restrictions. Such restrictions always require constitutional authorization, e.g. because they regard the Foreign Service.

V. Autonomy of Deutsche Welle and the basic right of freedom of broadcasting

1. General

The statement that Deutsche Welle is entitled to the basic right of freedom of broadcasting has important consequences for any further questions, which includes also and above all the problem of Deutsche Welle's autonomy and the related question of Deutsche Welle's internal structure.

In this context, the aspect of pluralism and the principle of State freedom or detachment from the State are very important. The issue of pluralism is at the centre of freedom of broadcasting, because the undisputed aim of freedom of broadcasting is to ensure diversity of opinion in broadcasting, in the sense of being as complete a reflection as possible of the entire range of opinions within a diverse society.[88] Such an aim not only assumes that different opinions are voiced, but that the process of forming an opinion is completely open, whereby any concentration must be avoided and a minimum of equally important, different elements must also be guaranteed in the private sector to ensure a balanced spectrum of different opinions. Admittedly, diversity of opinion and the required standard of balance of "equally important different elements" are almost impossible to define. The Federal Constitutional Court has acknowledged this fact. Diversity represents therefore a target value, which can only be achieved by approximation.[89] Irrespective of the above difficulties, different areas can be identified, where the requirement of diversity of opinion has an effect. On the one hand, the requirement of diversity affects the selection of programmes directly in terms of content, on the other indirectly in the question of ensuring diversity of content and balance at the organisational level. At this organisational level, the aim of diversity and the principle of autonomy are linked.[90]

On the one hand the principle of autonomy is closely linked to the aim of diversity, but on the other it is also important in itself. In first place, this principle is linked to the requirement of freedom from the State, better

---

[88] Cf., e.g. BVerfGE 57, 295 (320); 74, 297 (323).

[89] BVerfGE 73, 118 (156).

[90] As explained rightly by Jarass, Die neuen Privatfunk-Gesetze im Vergleich (A comparison of new private broadcasting laws), ZUM 1986, 303 (307); in depth also: Bumke, Die öffentliche Aufgabe der Landesmedienanstalten (The public duties of the media institutions of the Länder), 1995, p. 118 ff.

described as detachment from the State.[91] The term freedom from the State may result in the misunderstanding that any State influence is prohibited in advance, which would mean that State representatives could not be members of a body of a broadcasting station.[92] It is undisputed that the requirement of detachment from the State is crucial in connection with freedom of broadcasting. The point is to avoid State influence or organisation, which could directly or indirectly obstruct journalistic work. This means that ensuring the autonomous selection of programmes is fundamental. The principle of autonomy can therefore be called "accessory to the programme"[93]. The point of departure is represented by the question whether state influence can become relevant in journalistic terms and infringements on the journalistic scope can be determined. Examining State influence in terms of its actual effects is not sufficient. The effects themselves are less important than the danger of dominance.[94] Broadcasting must also be protected from recognisable, even though hidden, dangers of being influenced. The Federal Constitutional Court has highlighted in its 'Gebührenurteil'[95] that these dangers are particularly relevant with regard to financing. The requirement of detachment from the State, in particular, protects the public broadcasting corporations in terms of their freedom to select programmes and also affects their organisational structure.

2. The prohibition of State activity in the field of broadcasting

The requirement of detachment from the State has an important and undisputed effect on the duty to operate a broadcasting service, as it includes an absolute prohibition of State activity in this field.[96] The Federal Constitutional Court has consistently underlined this, even though the wording was ambiguous in the 1. Rundfunkurteil (Decision on broadcasting)[97], which

---

[91] As Bumke (fn. 90) explains rightly, p. 145 ff.

[92] Cf. also Jarass, Die Freiheit des Rundfunks vom Staat (The broadcasting's freedom from the State), 1981, p. 14 ff.; H. H. Klein, Die Rundfunkfreiheit (Freedom of broadcasting), 1978, p. 53; Degenhart, in: Bonner Kommentar (Bonn Comments), Art. 5 I, II, marginal no. 556.

[93] As demonstrated rightly by Stettner, Rundfunkstruktur im Wandel, Rechtsgutachten zur Vereinbarkeit des Bayerischen Medienerprobungsgesetzes mit der Bayerischen Verfassung (The changing structure of broadcasting, Legal report on the compatibility of the Bavarian Law on media testing and the Bavarian constitution), 1988, p. 43.

[94] As Jarass (fn. 92), p. 32 rightly shows.

[95] BVerfGE 90, 60.

[96] Cf., e.g. Starck, Rundfunkfreiheit als Organisationsproblem – zur Zusammensetzung der Rundfunkgremien (Freedom of broadcasting, an organisational problem – the constitution of broadcasting bodies), 1973, p. 16 ff.; Bumke (fn. 90), p. 146.

[97] Cf. BVerfGE 12, 205 (243 f.).

read that broadcasting was a State matter. In the 'Mehrwertsteuerurteil' (VAT court decision), the Federal Constitutional Court indicated that the Länder had assigned the duty of broadcasting to broadcasting stations, as they [the Länder] could not perform this duty because of the requirement that broadcasting shall be independent from the State.[98] Despite the use of "state" and "public" as synonyms on a linguistic level, it remains clear that the Federal Constitutional Court has always underlined the "freedom from the State of broadcasting" and prohibited the State from operating its own broadcasting stations. This means that broadcasting is a non-state duty, which, on the grounds of the State freedom of broadcasting cannot be fulfilled by the State.[99] With regard to the question of broadcasting services, it is possible to speak of a principle of State freedom, because State broadcasting is entirely prohibited by the provisions under Art. 5 para. 1 sentence 2 GG. If the legislator decides to opt for a public form of organisation for the world broadcasting service, the consequence is that the duty of providing a world broadcasting service must be assigned to a public broadcasting corporation which is detached from the State. Public institutions represent an organisational model which can meet specific broadcasting as well as constitutional requirements.[100] In particular cases, the organisation in the form of a corporation may also be considered in order to fulfil the constitutionally prescribed autonomy. However, such a corporation must have a particular structure.[101] By assigning the duty of providing a world broadcasting service to a public institution with independent administration, the legislator has, in principle, complied with the prohibition of State broadcasting. § 1 DW bill emphasises that Deutsche Welle is a public institution for the benefit of the general public with legal capacity and the right to self-administration. However, Deutsche Welle must also be structured so as to correspond to the requirements for institutions, which are detached from the State, at the organisational level. In this context, it is necessary to clarify whether the principle of detachment from the State and the resulting constitutional requirement of autonomy of Deutsche Welle are observed, when the Broadcasting Council and Management Board are appointed.

---

[98] Cf. BVerfGE 31, 314 (329).

[99] Cf. Gersdorf, Staatsfreiheit des Rundfunks in der dualen Rundfunkordnung der BRD (Freedom from the State for broadcasting under the dual system in the Federal Republic of Germany), 1991; Hartstein/Ring/Kreile/Dörr/Stettner (fn. 4), before § 10, marginal no. 3 ff.

[100] For thorough discussion see Hartstein/Ring/Kreile/Dörr/Stettner (fn. 4), before § 10 marginal no. 10 ff.

[101] Cf. Lerche, Rechtsgutachtliche Erwägungen zur Verwirklichung des Beschlusses der Regierungschefs der Länder vom 4. 7. 1991 (Nationaler Hörfunk) (Legal expert considerations on the realisation of the decision of the heads of government of the Länder of 4. 7. 1991 (National radio)), 1991, p. 39 ff.; Hartstein/Ring/Kreile/Dörr/ Stettner (fn. 4), before § 10 marginal no. 22 ff.

3. Internal organisation of Deutsche Welle in the light of the principle of detachment from the State

In line with the consistent practice of the Federal Constitutional Court, the legislator shall undertake to apply the basic right of freedom of broadcasting in terms of organisation, and structure the public broadcasting corporations in such a way that broadcasting is not controlled by one or individual social groups but relevant forces have their space within the overall programme.[102] Consequently, freedom of broadcasting also, or possibly above all, becomes an organisational problem.[103] The structural organisation of broadcasting shall ensure that any, even indirect, State control is avoided. In this respect, it is appropriate to talk about a requirement of detachment from the State, as State influence cannot be excluded entirely. Only a minority is of the opinion that a strict prohibition of interference exists.[104] According to that opinion, the prohibition of interference results in a prohibition of any State representatives being members of broadcasting bodies. Such a comprehensive prohibition, would, however, go too far. The jurisdiction of the Federal Constitutional Court and the prevailing opinion assume that the requirement of detachment from the State entails a prohibition of control, i.e. that Art. 5 para. 1 sentence 2 GG stipulates that the State shall not control or dominate broadcasting.[105] Consequently, it is necessary to focus on the question of how a threshold of control or inappropriate State influence can be determined.

To date, it is not possible to derive a clear maximum limit for the number of State representatives allowed in bodies of public broadcasting stations from the jurisdiction of the Federal Constitutional Court. A quota of one third as the maximum limit is sometimes indicated in the relevant litera-

---

[102] Cf. BVerfGE 57, 295 (329, 325); 83, 238 (332 f.).

[103] As shown in: Starck, Rundfunkfreiheit als Organisationsproblem – Zur Zusammensetzung der Rundfunkgremien (Freedom of broadcasting, an organisational problem – The constitution of broadcasting bodies), 1973; Bethge, Verfassungsprobleme der Reorganisation des öffentlich-rechtlichen Rundfunks (Problems of constitutional law in the restructuring of public broadcasting), 1978, p. 14; Hartstein/Ring/Kreile/Dörr/Stettner (fn. 4), before § 10 marginal no. 11.

[104] E.g. Gersdorf, Staatsfreiheit des Rundfunks in der dualen Rundfunkordnung der Bundesrepublik Deutschland (Freedom from the State for broadcasting under the dual system in the Federal Republic of Germany), 1991, p. 92, 183 ff.

[105] Cf. Bumke, who discusses this in detail (fn. 90), p. 145 ff.; Hartstein/Ring/Kreile/Dörr/Stettner (fn. 4), before § 10 marginal no. 58 ff.; Lerche, Landesbericht der Bundesrepublik Deutschland (National report of the Federal Republic of Germany), in Bullinger/Kübler (ed.), Rundfunkorganisation und Kommunikationsfreiheit (Organising broadcasting and freedom of communication), 1979, p. 15 ff. (75 ff.); BVerfGE 331, 314 (327 and 329); BVerfGE 83, 238 (334).

ture.¹⁰⁶ Based on Art. 111a para. 2 sentence 3 BV (Bavarian constitution), the Bavarian Constitutional Court quoted one third as the maximum admissible limit of State officials in bodies of public broadcasting stations.¹⁰⁷ Later the Bavarian Constitutional Court did, however, explain that the total percentage of representatives, who are to be considered State representatives or treated equal to State officials, may after all exceed one third.¹⁰⁸ It is very important to understand, who is considered to be a State representative and which of these State representatives form interest pools. A pool of interests does not necessarily exist, not even when there is a high percentage of State representatives, if these belong, for instance, to different independent authorities.¹⁰⁹ Accordingly, the basic rule applies that less homogeneity of the group of State representatives means a higher admissible percentage in each case. If the quota is less than one third, a dominant State influence can be excluded.

a) Appointing members to the Broadcasting Council

The application of the above considerations to the constitution of the Broadcasting Council of Deutsche Welle results in the following: the Broadcasting Council is fundamentally important for the organisational structure of broadcasting stations, because the other bodies depend on it and because, thanks to its functions, it represents the "supreme body" of a broadcasting station. Whoever has the power to determine the constitution of the Broadcasting Council, thus also has a decisive influence on the broadcasting station. In addition, the main function of the Broadcasting Council is to represent the general public within the institution. The method employed in order to achieve that aim, is to form the Broadcasting Council by appointing representatives from socially relevant groups.¹¹⁰ In this way, the requirement of pluralism becomes very important for the constitution of the Broadcasting Council and is complementary to the principle of detachment from the State. Originally, the ratio of representatives of the Federal Government, the Bundestag and the Federal Council, i.e. representatives who are clearly at State level, in the Broadcasting Council of Deutsche Welle was 8/11. This meant that State representatives had a dominant or controlling influence, and consequently the constitution of the council did not comply with the principle of detachment from the State and the requirement of pluralism. These regulations were probably attributable to the fact

---

[106] Jarass, Die Freiheit des Rundfunks vom Staat (The broadcasting's freedom from the State), 1981, p. 49 f.; cf. also Art. 111a para. 2 sentence 3 BV.

[107] Cf. BayVerfGHE 39, 96 (156).

[108] BayVerfGHE 42, 11 (19).

[109] Cf. BayVerfGHE 42, 11 (19); Jarass a.a.O. (as above), p. 50; Kewenig, Zu Inhalt und Grenzen der Rundfunkfreiheit (Content and limits of freedom of broadcasting), 1978, p. 51.

[110] Cf. BVerfGE 12, 205 (261 f.); 83, 238 (332 ff.).

that Deutsche Welle was not thought of as a broadcasting station entitled to the basic right of freedom of broadcasting, but understood as a tool of governmental public relations work. The strong representation of State officials in the Broadcasting Council, which was similar in the case of Deutschlandfunk where 17 of 22 representatives were State representatives, was questioned by different sides in terms of its constitutionality.[111] The legislator reacted to the criticism by passing the first law amending the law on establishing broadcasting institutions under federal law of 30. 3. 90.[112] This law led to a considerable reduction in the number of State representatives in the Broadcasting Council of Deutsche Welle and Deutschlandfunk. The legislative intent of the bill was to avoid any prohibited excessive State influence or dominance of individual social groups in future.[113] The amended § 3 stipulates that only 7 of the 17 members of the Broadcasting Council are to be appointed by the Bundestag (2), the Federal Council (2) and the Federal Government (3). Since the amendment of the law, the members in the Broadcasting Council who are State representatives, are in the minority with 41.17% of the seats. It should be remembered, however, that this percentage exceeds clearly the admissible threshold of one third.[114] However, the limit of one third, as already discussed, does not represent an absolute limit, as it is far more relevant to establish, whether the State representatives form a coherent group. At the same time, it is doubtful, whether the fact that the State representatives can be overruled is sufficient to exclude control.[115]

Present regulations on the constitution of the Broadcasting Council of Deutsche Welle ensure that the representatives in the Council, who are State dependent, do not form a uniform and homogeneous group. This is guaranteed by the fact that the Bundestag and Federal Council appoint two representatives each, while a further three are appointed by the Federal Government. In addition, political parties are not taken into consideration when appointing the other representatives. With regard to detachment from the State, party representatives would have to be attributed to the State. Freedom – or rather detachment – from the State means that there must be sufficient freedom from a state which is based on a system of parties and the separation of powers. Overall, a percentage of 41.17 is still significantly below the majority threshold. Since the State representatives belong to different public authorities, one cannot assume that they form a homogeneous block.

---

[111] Cf., e.g. Herrmann, Rundfunkrecht (Broadcasting Law), 1994, § 11, marginal no. 18; Hymmen, Gutes Programm, brüchiges Gerüst (Good programmes, fragile structure), Kirche und Rundfunk, No. 100 of 20. 12. 86, p. 5 ff.; see also OVG Lüneburg, DÖV 1979, 117; VG Hamburg, DVBl 1980, 491.

[112] BGBl. 1990 I, 823.

[113] Cf. Drs. 11/6481 p. 2.

[114] Cf. (on this threshold) also: Kewenig, Inhalt und Grenzen der Rundfunkfreiheit (Content and limits of freedom of broadcasting), 1978, p. 37 and 45.

[115] Cf. also Lerche, in: Bullinger/Kübler (fn. 105), p. 75 ff.

In any event, uniformity is prevented by the state sovereignty of the Länder, which applies even when by mediation through the Federal Council.[116] Because of differing population and economic structures in the Länder and irrespective of possible party political convergence, there are different interests,[117] which affect the behaviour of the representatives appointed to the Broadcasting Council.

All in all, the present constitution of the Broadcasting Council complies with the requirement of the principle of detachment from the State.

The provision under § 30 DW bill proposes a slight increase in the influence of members of the Broadcasting Council who are State representatives. This increase is mainly a result of an increase in the total number of members of the Broadcasting Council, which shall reflect the increasing importance of Deutsche Welle. Four of the 30 members which now form the extended Broadcasting Council shall be appointed by the Bundestag, four members by the Federal Council and five by the Federal Government. This means that 13 of the 30 members of the Broadcasting Council, or a percentage of 43.33, are State representatives. As discussed already, the most important issue is the constitution of the group of State representatives in terms of degree of homogeneity. In this sense, the new regulation may even represent an improvement on the previous constitution of the Broadcasting Council. The increase of representatives from the Federal Council from 2 to 4 makes it more likely that different Länder interests become more noticeable. The increase should enable different groups in the Federal Council to appoint a representative each. Weak pressure groups, which previously had no chance of having their "own" representative, are in a more advantageous position thanks to the new regulation. Consequently, the new regulation as per § 30 DW bill is generally in accordance with the constitution.

b) Appointing members to the Management Board

In principle, the questions arising in connection with the constitution of the Broadcasting Council, also apply to the constitution of the Management board of Deutsche Welle. It is conspicuous that the requirement of detachment from the State is frequently neglected when Management Boards are constituted. In most instances, broadcasting laws provide that the majority of the members of Management Boards shall be elected by the Broadcasting Councils of the broadcasting institutions. In addition, some broadcasting laws stipulate that the Länder Governments shall appoint one member of their own choice. However, some broadcasting laws do not contain any provisions for the election, which would prevent State officials from being

---

[116] Jarass, a.a.O. (as above), p. 50.
[117] Cf. BayVerfGHE 42, 11 (19); Jarass a.a.O. (as above), p. 50; Kewenig, Zu Inhalt und Grenzen der Rundfunkfreiheit (Content and limits of freedom of broadcasting), 1978, p. 51.

elected to the Management Board. In practice, this has actually occurred so that a number of State officials are on the Management Boards of several broadcasting institutions.

Initially, § 4 BRfG provided only that the Management Board should consist of seven members, elected by the Broadcasting Council for a period of four years. The number of members of the Broadcasting Council which were State representatives were in the clear majority, as explained above. Consequently, the possibility could not be excluded that the Management Board would consist of a majority of members, who were State representatives. This changed considerably with the first law amending the law on establishing broadcasting institutions under federal law. Now, § 4 BRfG stipulates that the Management Board consists of seven members. The Bundestag, Federal Council and Federal Government appoint one member each. The other four members are elected by the Broadcasting Council. However, § 4 para. 1 points 2 and 3 BRfG provide that these members must belong to the social groups or institutions indicated under § 3 paras. 3 and 4 BRfG, which are not State dependent. Even in this case, it must be stated that with 42.86%, the percentage of State representatives is well above the undisputed limit of one third. In view of the important duties of the Management Board, the principle of detachment from the State should generally be complied with when this body is constituted. After all, the Management Board participates in the election of the director, concludes the contract of employment with the director, supervises his/her management and approves the budget proposed by the director.

§ 35 DW bill now provides for the number of members of the Management Board to be increased, which in turn results in an increase in the proportion of members who are State representatives. According to the proposed regulation, the future Management Board shall consist of nine members, one of which shall be elected or appointed by the Bundestag and Federal Council respectively, and two members by the Federal Government. The other members shall then be elected by the Broadcasting Council from groups or organisations which do not pertain to the State. The percentage of members of the Management Board pertaining to the State would then be 44.44%.

Because of the different status and responsibilities of the Management Board and the Broadcasting Council, the restrictions for the constitution of the Management Board need not be as strict as those for the Broadcasting Council. Although the competence of the Management Board affects the choice of programmes, too, this influence is only an indirect one. The connection with the actual selection of programmes is far looser than in the case of the Broadcasting Council. The responsibility of establishing the budget is the most important influence on the selection of programmes. Nevertheless, one must take into account that the State has a justified interest in cooperating on budget matters through the responsible bodies. This is due to the fact that Deutsche Welle is financed mainly from federal funds, also under the present bill.

Considering the above peculiarities, the regulations sufficiently comply with the requirement of detachment from the State.

c) Conclusion

Generally, it can be stated that the proposed regulations on the constitution of the Broadcasting Council (§ 30 DW bill) and Management Board (§ 35 DW bill) comply with the requirement of detachment from the State.

VI. The duties of Deutsche Welle in relation to freedom of broadcasting

1. General

According to § 1 para. 1 BRfG in its current version, the duties of Deutsche Welle are to produce programmes for transmission abroad. The programme shall supply listeners and viewers abroad with a comprehensive picture of the political, cultural and economic situation in Germany as well as render and explain the view prevailing in Germany on important issues. In the original version of § 1 BRfG, Deutsche Welle's duties were described differently. On the one hand, the first paragraph was entitled "Rundfunksendungen über Kurzwelle" (radio programmes on short wave) and on the other hand the duty assigned to Deutsche Welle was to "produce programmes to be transmitted abroad". With regard to the technical and physical background, this meant that originally only radio programmes were an issue. When RIAS Berlin was dissolved and the integration in Deutsche Welle of what was previously RIAS-TV, Deutsche Welle also became responsible for producing more TV programmes to be transmitted abroad. Since May 1992 Deutsche Welle has therefore been producing television programmes, which are broadcast worldwide via satellite.[118] The legislator took note of the integration of the RIAS-TV division in Deutsche Welle by deleting the words "on short wave" in the title of the relevant paragraph, of the amended law of 20. 12. 1993.[119] In future, §§ 3 f. DW bill shall regulate the general duties and programme duties of Deutsche Welle. As per § 3 para. 1 DW bill, Deutsche Welle produces broadcasts (radio and television) for transmission abroad. § 3 para. 2 DW bill states clearly that these programmes are broadcast in German as well as in foreign languages. The provision under § 4 DW bill stipulates that the programmes of Deutsche Welle shall provide a comprehensive picture of the political, cultural and economic situation in Germany, supply an objective overview of topical events worldwide and present the public reaction as well as that of the major social and state forces in Germany to these events. Furthermore, transmissions shall above all, contribute to the peaceful coexistence of nations and international understanding as well as the process of European unification. According to current and proposed provisions, Deutsche Welle has the duty of providing a comprehensive world broadcasting service. De lege lata it is certain that, at

---

[118] Cf. Weirich, Auslandsfernsehen in den 90er Jahren (Television for abroad in the nineties), Dokumentation Medienspiegel no. 49/1992.
[119] BGBl. 1993 I, 2246.

least since the amendment of 20. 12. 1993, this duty extends to television, a fact that is also made very clear in the proposed regulation under § 3 DW bill.

2. Deutsche Welle's duties in terms of basic provision of information

The concept of basic provision of information plays an important part in determining the tasks of public broadcasting in Germany. On the basis of Günter Herrmann's work,[120] the Federal Constitutional Court has adopted the term to describe the duties of public broadcasting in the dual system[*].[121] The so-called basic provision of information has become the target for all kinds of polemic attack which are generally unjustified and inappropriate.

Basic provision of information does not describe an actual condition nor is it a mere manner of speech. It is a clearly defined legal concept. Such legal concepts are essential to constitutional law and their great advantage is that they are dynamic in the sense of being open to new developments. In addition, the Federal Constitutional Court, from the 1. 'Fernsehurteil' onwards, has established a jurisdiction which follows a clear logic and is consistent. It is therefore unjustified to claim that basic provision of information has no substance and is not based on any clear concept.

There is a link between the concept of basic provision of information and public broadcasting in the dual system. The establishment of private broadcasting meant that an element of private profit in the interest of the operators had to be introduced. Private broadcasting stations are therefore not subject to the same strict rules that apply to public broadcasting, but enjoy a certain leeway and protection to follow tendencies under the provisions laid down by the Federal Constitutional Court. The resulting loss of broad representation and variety of subjects in private broadcasting, which is linked to financing through advertising, is only acceptable as long and inasmuch as public broadcasting remains fully viable. Public broadcasting in the dual system must therefore fulfil the traditional role of broadcasting, at least under present conditions. To comply with this, is in fact its obligation. The trusteeship bestowed upon public broadcasting that finds expression in its obligation to be balanced, objective and free from tendential attitudes, continues to allow private broadcasting in the dual system, with its idiosyn-

---

[120] Cf. Hermann, Hörfunk und Fernsehen in der Verfassung der Bundesrepublik Deutschland (Radio and television in the constitution of the Federal Republic of Germany), 1975.

[*] Translators's note: Dual system refers to the parallel existence of public and private broadcasting stations.

[121] Cf. BVerfGE 73, 118 (157 f.); 74, 297 (324).

crasies, shortcomings and exemption from rules. The system of dual organisation can therefore only be an unsatisfactory system.[122]

Private broadcasting companies can also cover subject matters which in terms of topic form part of the basic provision of information, but compared with public broadcasting companies there is a fundamental difference. Private companies who provide basic information or what they consider to be such, do this on the basis of their constitutional freedom that at the same time entitles them to stop providing that service whenever they wish to do so. Contrastingly, public broadcasting institutions have an obligation to provide basic information. Constitutional law excludes therefore the privatisation of the obligation to provide basic information. As Bethge explains rightly any other suggestion of such privatisation is therefore a phantom discussion.[123]

The above goes to prove that the concept of basic provision of information and the relevant jurisdiction of the Federal Constitutional Court cannot be applied to the field of activity in which Deutsche Welle operates. Basic provision of information is about determining which obligations within Germany have to be fulfilled by the public sector in the dual system. Regarding the duties of Deutsche Welle, the scope of public broadcasting abroad is, however, the decisive factor. The concept of basic provision of information is therefore unsuitable to describe the duties of Deutsche Welle.

3. Deutsche Welle's duties and its autonomy to select programmes

The above result entails further consequences. The obligation under present conditions for public broadcasting in the dual system to provide basic information is a consequence of the legislator's obligation under constitutional law to ensure a balanced, wide-ranging and comprehensive overall broadcasting within the Federal Republic of Germany. On these grounds, the Federal Constitutional Court has derived, under the terms and conditions of a dual broadcasting system, derived a guarantee of existence and development for public broadcasting.[124] Irrespective of whether these principles can be applied to a world broadcasting service which is organised by the Bund, Deutsche Welle can, as discussed in detail above, claim protection under the freedom of broadcasting. If the legislator decides to establish a world broadcasting service, its broadcasting stations are protected by the freedom of broadcasting. As long as the world broadcasting service exists, the legislator has to comply with any obligations that may arise from the freedom of

---

[122] Cf. Bethge, Die verfassungsrechtliche Position des öffentlich-rechtlichen Rundfunks in der dualen Rundfunkordnung (The situation of public broadcasting under constitutional law in the dual system), 1996, p. 45 ff.

[123] Cf. Bethge (fn. 122), p. 47.

[124] Cf. BVerfGE 73, 118 (157); 74, 297 (324 and 342); 83, 238 (298 and 310 f.).

broadcasting. This applies both in respect of selection of programmes and of financing, as will be discussed below.

Sovereignty in terms of programmes forms the core of the right of self-determination. This sovereignty relates to contents as well as presentation and must be open to new listener/viewer interests as well as new form and contents of programmes.[125] Preliminary activities, such as the procurement of programmes and purchasing of material that is suitable for transmission, which are regularly carried out under forms of private law, are part of the right of selfdetermination in terms of programmes, which Deutsche Welle possesses because of its entitlement to freedom of broadcasting. As stated clearly in the '6. Rundfunkurteil' (6. Broadcasting decision) of the Federal Constitutional Court, both the making of programmes and their further use after transmission come under the basic right of freedom of broadcasting Cooperation in that context and participation in third party companies are therefore constitutionally protected.

Any production which is exclusively or first and foremost aimed at making economic profits is, however, not admissible.[126] Of course, not only the elements of programmes which are of public interest or primarily for information, enjoy the protection under the freedom of broadcasting. Freedom of broadcasting also covers artistic or cultural programmes and pure entertainment. It is inadmissible to grade protection under the freedom of broadcasting according to the category of programme.[127]

The limits of autonomy to select programmes are defined by Deutsche Welle's obligations in terms of programmes. Deutsche Welle is only allowed to operate as a broadcaster, i.e. radio and television broadcaster, abroad. This means that the programmes must be exclusively or above all intended for foreign countries. The fact that as a result of technical conditions, the programmes can also be received in Germany can be ignored. Due to the increased availability of satellite transmission today, this aspect has however, gained importance.

Finally, the legislator may, in view of the special tasks of Deutsche Welle, stipulate certain rules for the fulfilment of its programme obligations. The currently valid § 1 para. 1 BRfG states, for example, that Deutsche Welle's programmes shall provide listeners/viewers abroad with a comprehensive picture of the political, cultural and economic situation in Germany and portray and explain the opinion prevailing in Germany on important questions. As already mentioned, § 4 para. 1 DW bill stipulates, that Deutsche Welle's programmes shall provide a comprehensive picture of the political, cultural and economic life in Germany ... and portray the reactions of the general public as well as those of the major state and social forces in

---

[125] Cf. BVerfGE 83, 238 (299).
[126] BVerfGE 83, 238 (303 ff.).
[127] Cf. Gersdorf (fn. 104), p. 85 ff.

Germany to these events. In addition, § 4 para. 2 DW bill stipulates that the programmes shall contribute to the peaceful coexistence of nations and promote international understanding and the European unification.

The obligation to portray and explain the opinion prevailing in Germany on important questions, as required under the currently valid § 1 para. 1 BRfG, affects the autonomy to select programmes. This autonomy is in fact a consequence of the special obligation which Deutsche Welle must fulfil. In this context, it is important to remember that, in accordance with the constitution. The Foreign Service is the responsibility of the Bund and hence must be conducted by the Federal Government. However, the adherence of the German constitution to international law and the principle of the open state, that becomes apparent in numerous regulations of the constitution, also needs to be taken into account. Examples from the constitution are the preamble declaring a commitment to Europe, the new constitutional regulation under Art. 23 GG and the provision under Art. 24 GG which admits the transfer of sovereignty to international organisations. In this context, Vogel[128] spoke rightly of a change towards the 'open state'. Because of the existing international bonds Federal Republic of Germany, neither federal nor Länder policies can nowadays be of a purely domestic nature. This situation affects the programme obligations of Deutsche Welle and the development is further supported and strengthened by a stronger democratic tendency. A shift in power has occurred in terms of foreign affairs from the Head of State to the Government, and since the Government is dependent on and controlled by Parliament, the shift has also been towards Parliament. The result is, to some extent, a diversification of foreign policy. Western democracies are characterised by the constant possibility of a change of government. A parliamentary government system encourages therefore strong links between government policies and the opinion prevailing in the fractions supporting the government. The desire of foreign politicians to be informed about the different tendencies by members of parliament and party members but also by a world broadcasting station, is therefore legitimate. In political practice, this desire is generally satisfied.

Finally, the external profile of the country is even more diversified and decentralised through the cross-border communication of churches, public corporations, associations, pressure groups, the media, and industry, as well as of individuals. At the level of international relations, the Federal Republic of Germany appears as a uniform body only where it has to fulfil legal obligations and is consequently made responsible as a whole.[129]

---

[128] Cf. Vogel, Die Verfassungsentscheidung des Grundgesetzes für eine internationale Zusammenarbeit (The constitutional decision made in the German constitution on promoting international cooperation), 1964, p. 36.

[129] Dörr/Kopp/Cloß (fn. 28), p. 41 ff., where this point is discussed in detail; Fastenrath (fn. 26), p. 83 ff.

Another important fact is that, according to the present legal situation, the Bund has no right to exclusive representation in European Union matters. Among other matters, such matters are, however, the object of Deutsche Welle programmes. Although the Maastricht decision of the Federal Constitutional Court[130] states that the Bund has the responsibility to represent the rights of the Federal Republic of Germany vis-à-vis the Community and its bodies, the statement refers to the period prior to the new 'Europaartikel' (Article on Europe) of the constitution. The provision under Art. 23 para. 6 sentence 1 GG, new version, states expressly that the execution of rights to which the Federal Republic of Germany is entitled as a member state of the European Union, shall be transferred from the Bund to a representative of the Länder, selected by the Federal Council, if the matter mainly concerns exclusive legislative competence of the Länder. In such cases, therefore, Germany is represented directly by a representative of the Länder.

§ 4 para. 1 DW bill succeeds in taking all the above circumstances into account. By stipulating the duties of Deutsche Welle as having to portray the reactions of the general public, as well as those of the major state and social forces in Germany, and no longer having only to explain the opinion prevailing in Germany on important questions, the above § 4 para. 1 DW bill reflects the increasing diversification of foreign policy.

The obligation to make programmes, which contribute to the peaceful coexistence of nations, international understanding and the process of European unification, presents no problem in respect of the autonomy to select programmes. The preamble to the constitution already proclaims that the peaceful coexistence of nations and the process of European unification are important aims. Under the constitution, public broadcasting is subject to binding duties, which are highlighted by the obligation mentioned above.

Summing up, it is possible to say that Deutsche Welle's autonomy to select programmes is successfully accounted for by §§ 3f. DW bill. Positive developments are thereby the consideration given to the recently more diversified foreign policy and the fact that Deutsche Welle is requested to present the reactions of the major state and social forces in Germany to events which are worth reporting.

In addition, the regulations proposod under §§ 7f. DW bill take into consideration that autonomy to select programmes covers both; the production of programmes and further use of own television/radio productions. Furthermore, § 13 DW bill accounts for the fact that information on programmes provided to the general public by means of a press, which is the responsibility of the broadcasting service itself, is also covered by the freedom of broadcasting.[131]

---

[130] Cf. BVerfG, NJW 1993, 347.
[131] Cf. BVerfGE 83, 238 (312f.).

VII. Financing of Deutsche Welle and freedom of broadcasting

1. Entitlement to adequate funding to ensure performance

Even though Deutsche Welle is not entitled to a guarantee ensuring its existence and development, constitutionally protected freedom of broadcasting should still be taken into account, when the form of financing for the Deutsche Welle is determined. As long as Deutsche Welle exists, it is entitled to the basic right of constitutionally protected freedom of broadcasting. Consequently, the financing of Deutsche Welle must be organised in such a way as to comply with the provisions for financing laid down by the Federal Constitutional Court, which are derived from Art. 5 para. 1 sentence 2 GG. For quite some time, the Federal Constitutional Court has acknowledged the entitlement to adequate funding for operating public broadcasting stations.[132]

In the so-called 'Hessen-3-Beschluß' (Decision on Hessen 3)[133], the Federal Constitutional Court explained in detail what is meant by adequate financing. Referring to previous jurisdiction, the Senate emphasised that public broadcasting institutions must receive funding for those programmes, which not only correspond to their specific function, but are also necessary to fulfil this function. The argument of 'necessity' was used by the Court to solve a dilemma. On the one hand, broadcasting stations cannot themselves determine what is required to fulfil their function, because in the Senate's view, they cannot guarantee that the funding requirements they claim, are within the limits of what is necessary for them to operate. On the other hand, the decision on funding to be provided for broadcasting stations to fulfil their duties, must not be at the legislator's discretion either. This would frustrate the close link between freedom to select programmes, independence from the State and financial funding. The legislator could otherwise indirectly avoid constitutional law, which prohibits the direct banning of programmes or direct influence by the State on programmes, by achieving an equivalent result through withholding or limiting financial support.

The criterion of necessity does, therefore, not limit public broadcasting to a certain, externally determined, minimum range of programmes, but attempts to take account of the constitutionally protected freedom to which public broadcasting stations are entitled in the fulfilment of their function. The Senate is of the opinion that the argument of necessity provides a suitable balance between the broadcasting stations' autonomy to select programmes and the financial interests of the general public which the legislator has to safeguard.

---

[132] Cf. BVerfGE 73, 118 (158); 83, 238 (298).
[133] BVerfGE 87, 181.

However, the Senate is aware of the fact that decisions on funding cannot be strictly derived by quantification of the criterion of "necessity". The criteria allow for limitations only.

The financial obligation extends to "what is necessary" for performing the function [of broadcasting stations]. The relevant quantifier is the overall programme offer of the station. In accordance with relevant legal provisions, the broadcasting station itself decides on the distribution of available funds to individual programme divisions. No additional claims to funding can be derived.

Despite the above points, the degree of certainty about the principles resulting from Art. 5 para. 1 sentence 2 GG regarding the financing of public broadcasting stations is relatively small. Constitutional law requires, therefore, that a balance be achieved by implementing a system for making a decision, which guarantees a result that conforms as far as possible with the constitution. In this respect, in its 'Gebührenurteil' (decision on licence fees) the Federal Constitutional Court made important fundamental provisions, which also affect the financing of Deutsche Welle.[134]

This means that the measure for funding which applies to Deutsche Welle is the legally recognised scope of its duties. Deutsche Welle must therefore receive sufficient financial contributions as are 'necessary' for it to fulfil functions assigned to it by law. In this context, it is irrelevant whether there is a guarantee for Deutsche Welle's existence and development. As long as Deutsche Welle exists, it is entitled to funds allowing it to perform its duties. This entitlement exists vis-à-vis the social institution which supports the broadcasting station.[135] The intention with such an entitlement to a financial guarantee is to ensure funding which allows a fulfilment of the function, not to establish specific terms and conditions. In the case of Deutsche Welle, the entitlement is vis-à-vis the Bund. The Bund has considerable leeway in determining how funds, adequate to meet the functional needs, are made available [to Deutsche Welle]. No (single) financing method is prescribed, although the Federal Constitutional Court has expressed that within the State, mixed financing is an appropriate way of achieving adequate funds to fulfil the prescribed duties.[136]

2. Financing procedures

The Federal Constitutional Court has confirmed the importance of an appropriate procedure for making adequate funds available to broadcasting

---

[134] Cf. BVerfGE 90, 60.
[135] Cf. Hartstein/Ring/Kreile/Dörr/Stettner (fn. 4), § 10 marginal no. 10; Bethge, Die Verfassungsrelevanz des föderalen Rundfunkfinanzausgleichs (The constitutional relevance of the federal financial equalisation for broadcasting), 1992, p. 83 f.
[136] Cf. BVerfGE 74, 297 (342); 83, 238 (310 f.).

stations in a 'Gebührenurteil'[137] (Decision on licence fees). The grounds for this are obvious. The autonomy of individual broadcasting stations to select programmes and their independence from the State result from the constitutionally protected freedom of broadcasting. Autonomy to select programmes ensures that choice, contents and form of programmes remain in the hands of broadcasting institutions and journalistic criteria can be applied. Consequently, the use of broadcasting for nonjournalistic purposes is not admissible as was clearly explained by the Federal Constitutional Court in its 'Gebührenurteil'. The prohibition not only applies to direct influence on the programme by third parties, but also to influences which may indirectly affect the freedom to select programmes. The Federal Constitutional Court has, more expressly than in the past, referred to the dangers inherent in any influence from State bodies, where these are responsible for the financing [of broadcasting institutions].

According to the Court the possibilities of the State to influence broadcasting through financing are evident. The Court's intention is therefore to take preventive measures against the possible dangers. Financing of broadcasting stations shall be strictly linked to the purpose of helping public broadcasting stations, so that they can materialise the programmes necessary for the fulfilment of their function. According to the Federal Constitutional Court, financing regulations may not be used to, either directly or indirectly, control programmes or the organisational structure of broadcasting.

This does not mean, however, that it is entirely prohibited for the legislator to make decisions relating to media policies or the structure of programmes. The legislator has considerable latitude when establishing fundamental rules of media policy, whereby general (broadcasting) legislation remains binding for him. He is not entitled to use financing as a means of achieving aims related to broadcasting policies.

On the basis of the above principles, the Federal Constitutional Court reached the conclusion that financing must be regulated in such a way as to ensure sufficient financial means for individual broadcasting stations to fulfil their [broadcasting] duties. Furthermore, any State influence on the programmes of broadcasting stations must be effectively excluded, because of the stipulated autonomy to select programmes and the principle of detachment from the State.

The Court then goes on to explain how the procedure to determine a licence fee, which is aimed at finding adequate funding for broadcasting stations of the Länder, could be structured so that it meets the above principles.[138]

The provisions for the procedure to determine a licence fee do not apply to Deutsche Welle. The Federal Constitutional Court has always rightly

---

[137] Cf. BVerfGE 90, 60 (90 ff.).
[138] Cf. Hartstein/Ring/Kreile/Dörr/Stettner (fn. 4), § 12 marginal no. 105 ff.

emphasised that fees are intended for the overall production of broadcasting in Germany. Therefore such a financial solution is, irrespective of the legal implications of a licence fee for receiving radio/television[139], inapplicable to broadcasting abroad. The licence fee is a service fee in return for providing citizens with the overall service of public broadcasting in Germany.

Contrarily, the fundamental statements made by the Federal Constitutional Court on the necessity of State independent financing, which must respect the autonomy to select programmes, are relevant with regard to the financing of Deutsche Welle. Accordingly, a State subsidy provided by the Bund instead of licence fees is an appropriate way of funding Deutsche Welle. In parallel, other forms of financing can be considered, as is already the case for Länder broadcasting stations. However, the jurisdiction of the Federal Constitutional Court does not permit income from advertising as the main financial contribution for public broadcasting corporations. Advertising as a means of financing carries the danger of making audience ratings the sole criterion for the choice of programmes.[140] Mixed financing is an ideal possibility for preventing public broadcasting corporations from becoming unilaterally dependent. In the case of Deutsche Welle, mixed financing is relevant, as the procedure used to determine a State subsidy cannot be as detached from the State as the procedure used to determine licence fees. Mixed financing is therefore a suitable method for providing adequate funding to fulfil required functions. It allows Deutsche Welle to use income from advertising and sponsorship, although such income must obviously not represent the main source of financial income.[141]

Concludingly, it can be stated that Deutsche Welle is entitled to adequate financing for performing its function. Sufficient funding must be provided to allow Deutsche Welle to produce and transmit the programmes required to fulfil this function. The procedure for establishing the amount of a subsidy must be organised so as to comply, to the greatest possible extent, with the principle of autonomy to select programmes and the requirement of detachment from the State.

3. Regulations for the financing of Deutsche Welle as per § 43 ff. DW bill

The currently valid BRfG lacks regulations on the financing of Deutsche Welle. Improvements to the currently valid law are therefore necessary and to be achieved with the provisions under §§ 43 ff. DW bill.

DW bill stipulates the first statutory regulations on the financing of Deutsche Welle. The guarantee of funding as per § 43 ff. DW bill represents a

---

[139] Cf. Hartstein/Ring/Kreile/Dörr/Stettner (fn. 4), § 11 marginal no. 9 (with indications for further reading).
[140] BVerfGE 83, 238 (310 f.).
[141] Cf. Hartstein/Ring/Kreile/Dörr/Stettner (fn. 4), § 11 marginal no. 11 ff.

core part of the proposed new regulations, as has been officially declared.[142] As stated in the legislative intent to the bill, the above guarantee shall reflect the constitutional provisions relating to freedom of broadcasting.[143] It should be mentioned that the provisions proposed under § 43 DW bill outline the entitlement to adequate funding, which is required by the Federal Constitutional Court as has been explained above. In this way, the provision takes into account that freedom of broadcasting results in Deutsche Welle's entitlement to financing that is adequate to fulfil its duties and which must be guaranteed by the Bund in its capacity as authority responsible for Deutsche Welle. In order to implement the constitutional provisions linked to freedom of broadcasting, it is therefore appropriate and necessary to provide such new regulations.

According to the DW bill, adequate financing for Deutsche Welle to fulfil its function shall be achieved by Deutsche Welle receiving an annual federal subsidy from the Bund plus other income. Advertising (§ 9 DW bill) and sponsoring (§ 10 DW bill) are admissible as other forms of income. Income from advertising (including sponsoring as a particular form of advertising) was up not counted towards the federal subsidy under currently valid law. § 44 para. 3 DW bill provides that half of the income from advertising shall be counted towards the federal subsidy. There are no substantiated objections in terms of constitutional law to such offsetting of income, which is indeed common practice up to the full amount of the income for public broadcasting in the Länder. Both in the case of the public broadcasting stations of the Länder and Deutsche Welle, the principle applies that financial subsidy must not exceed the necessary amount, because the broadcasting stations are not to be enabled to make profits from public funds. According to currently valid law, Deutsche Welle has undertaken to use its own income exclusively to finance the broadcasting duties which are of public benefit (see Statutes of Deutsche Welle of 22. 2. 62, Art. 1 para. 3). Hence, the DW bill provides regulations that cannot be questioned in constitutional terms. From an economic point of view, it may nevertheless be wise to reject the above offsetting, because it must not be overlooked that there are strict limits for advertising on television. The total advertising time on Deutsche Welle television must not exceed the annual average of a maximum of 20 minutes per working day. In addition, teleshopping shall be totally prohibited. Finally, it must be remembered that Deutsche Welle programmes are only likely to be of limited interest for the advertising sector.

The possibility of achieving additional income through sponsoring must not be overrated either. When the State Broadcasting Treaty of 1./3. 4. 91 was drawn up, the economic importance of sponsoring for public and private broadcasting in Germany was, in part, evaluated far too optimistically.

---

[142] Cf. Drs 13/4708, p. 2.
[143] Cf. Drs 13/4708, p. 21, II A 2 and p. 30 f., regarding § 43.

While the intent to the State Broadcasting Treaty in terms of sponsoring still proposed this as an independent source for the financing of broadcasting, income expectations for the public broadcasting stations of the Länder were corrected to clearly lower amounts after a detailed analysis of the possibilities of income from this area. Anticipated sponsoring income make for far less than 1% of the total income even in the case of the large broadcasting stations of the Länder.[144] Other income from so-called lateral use, such as profits from the selling of concert tickets, publishing of books, hiring out of technical equipment and studios, merchandising, as well as royalties and income from the selling of programmes[145] are not suitable as substantial contributions to the adequate funding which shall ensure the functional fulfilment of broadcasting stations.

On the basis of the proposed financing regulations, Deutsche Welle must be predominantly financed through the annual federal subsidy so that adequate financing for the performance of its duties is obtained.

In accordance with § 44 para. 2 DW bill, the Budget Law of the Bund and the budget for Deutsche Welle shall determine the extent of the subsidy. In addition, the general provisions under § 43 DW bill must be taken into account. These state that Deutsche Welle shall receive sufficient funding to enable it to fulfil its statutory programme duties, with regard also to technical development within broadcasting. There are, however, doubts about whether the above regulations meet the requirements stipulated by the Federal Constitutional Court in its 'Gebührenurteil'[146]. In this context, it must be recognised that the statements made by the Federal Constitutional Court on the procedure to determine licence fees cannot be applied to Deutsche Welle. The case is different for the general requirements, which the Federal Constitutional Court has derived from the freedom of broadcasting for a method for determining the funds required by broadcasting stations which observes the requirement of detachment from the State. Establishing criteria of substantive law, which by definition are not clearly determined. However, the substantive criterion for adequate funding in the form to be included in § 43 DW bill could hardly be more precisely defined. It is neither possible to determine the scope of programmes necessary for Deutsche Welle to fulfil its function, nor is it possible to determine the exact amount required to finance those essential programmes. The same applies for the question whether Deutsche Welle has really made full use of the possibilities

---

[144] Cf. as regards the economic importance of sponsoring for domestic public broadcasting stations and private broadcasting companies: Hartstein/Ring/Kreile/Dörr/Stettner (fn. 4), § 7 marginal no. 9 f.

[145] Cf. for details Hartstein/Ring/Kreile/Dörr/Stettner (fn. 4), § 11 marginal no. 16 ff. with indications for further reading; see also Grimm, Die wirtschaftliche Betätigung der öffentlich-rechtlichen Rundfunkanstalten (Economic activities of public broadcasting stations), ZUM 1992, 581 ff.

[146] BVerfGE 90, 60.

of economically careful budgeting (e.g. any possibility of rationalisation), up to the extent where they start affecting Deutsche Welle's special duties. The emphasis placed by the Federal Constitutional Court in the 'Gebührenurteil' on the structural nature of the dilemma is therefore justified. On these grounds, it is necessary to provide a procedure which takes into account the sources of possible dangers and in this way, excludes the possibility of unlawful use of competence as far as possible.

As explained in detail above, the autonomy to select programmes is an essential precondition of the function broadcasting fulfils as a means of communication in the process of forming an opinion. Together with the principle of detachment from the State, this autonomy prohibits the use of broadcasting, i.e. also of Deutsche Welle, for non journalistic purposes. In this context, the Federal Constitutional Court has pointed out the possible dangers of being influenced by State bodies, including the Parliaments, in the process of determining the funding. Such possible State influence on determining the amount of the federal subsidy is obvious. The financing of broadcasting must, however, strictly be linked to the purpose of enabling Deutsche Welle to produce the programmes required for it to fulfil its function. In accordance with the fundamental and appropriate explanations given by the Federal Constitutional Court, the subsidy must therefore not be determined in a way that may either directly or indirectly be used for the purpose of controlling programmes or influencing the structure of broadcasting.

According to the Federal Constitutional Court, the point of departure for the funding must be a request put forward by the relevant broadcasting station. This concept, which was laid down in the 'Gebührenurteil', can be applied to the financing of Deutsche Welle in its full scope. The concept is based on the understanding that the basis for funding must be the decisions regarding programmes, which are made by the individual broadcasting stations. These decisions on programmes must, of course, fall within the scope of the prescribed and legally stipulated broadcasting duties laid upon the broadcasting stations. The decisions must also respect the principles of efficient economic management.[147] § 44 para. 2 DW bill observes the aspect of economic management by stipulating that the subsidy shall (also) be in accordance with Deutsche Welle's budget. The budget, independently drawn up by Deutsche Welle within the scope of its financial autonomy shall, as is clearly stated under § 47 DW bill, also form the basis and point of departure for determining the extent of the subsidy.

No other provisions ensuring the safeguarding of procedures are contained in the DW bill. It may be questioned, whether the jurisdiction of the Federal Constitutional Court has been satisfactorily complied with. Certain peculiarities must be considered in connection with the financing of Deut-

---

[147] Cf. also Hartstein/Ring/Kreile/Dörr/Stettner (fn. 4), § 12 marginal no. 106.

sche Welle by means of a federal subsidy. The sovereignty of the Budget legislator, for instance, must be observed. Nevertheless, it seems possible to determine the subsidy in a way that observes more appropriately the autonomy of Deutsche Welle to select programmes. The Federal Council has therefore suggested to supplement § 44 para. 2 DW bill by a second sentence, which stipulates that the subsidy shall be paid as an aggregate amount (global financing).[148] The danger of executing any indirect influence on the programmes through the financing could be considerably diminished if the contribution was paid in such a form. Deutsche Welle could then, within the limits of its autonomy to select programmes, use funds at its discretion. The requirement of detachment from the State would far better accounted for than in the case of a subsidy, the use of which in each case is determined in detail. Given the importance the Federal Constitutional Court has attributed to the necessity of taking preventive measures to avoid the dangers which public broadcasting corporations can be exposed to in terms of their autonomy to select programmes through financing procedures, it is appropriate to provide an aggregate amount, i.e. global financing for Deutsche Welle. Otherwise, it is at least possible that an influence on the overall programme may be exercised via the determining of the subsidy.

4. Conclusion

Generally, the financial provisions made, observe Deutsche Welle's entitlement to adequate funding for the fulfilment of its function. Besides, it is also advisable to allow Deutsche Welle to obtain additional income to the annual federal subsidy from other possible sources of income, in particular advertising or sponsoring, since such mixed financing can prevent unilateral dependence. It must, however, be considered that other income is not suitable to contribute substantially to funding that allows Deutsche Welle's functional fulfilment.

The fact that the budget of Deutsche Welle shall be the basis for determining the annual federal subsidy, also corresponds to the provisions of the Federal Constitutional Court. § 44 para. 2 DW bill, however, needs to be improved. In view of the autonomy to select programmes, it is necessary to grant the subsidy as a an aggregate amount, i.e. provide global financing. Otherwise it is impossible to exclude the dangers of indirect influence, exercised on the overall programme of Deutsche Welle through the form of subsidy. The general, substantive criterion stipulated under § 43 DW bill for determining the amount of the subsidy cannot, or can hardly, be more precise. They are, in fact, the result of a dilemma that generally accompanies the financing of public broadcasting corporations: neither can the scope of pro-

---

[148] Cf. Drs. 13/4708, p. 40, no. 9.

grammes required for the fulfilment of different functions of the broadcasting corporation be determined in detail, nor is it possible to know the extent of funds necessary for financing those programmes.

VIII. Budget management regulations in the DW bill

§§ 45–53 DW bill regulate the budget management of Deutsche Welle in great detail. These provisions are far more detailed than any regulations applying for the Länder broadcasting stations, or as provided for in the ZDF-Staatsvertrag (State Treaty on the second German television channel) or the State Treaty on Deutschlandradio. Budget autonomy forms generally an important part of the overall autonomy of public broadcasting corporations, which a the result of the detachment of broadcasting from the State as indicated under Art. 5 para. 1 sentence 2 GG.[149] If the legislator stipulates only basic principles for managing the budget and leaves any other regulations up to the financing regulations of the individual broadcasting station, this provision corresponds much more to the constitutionally stipulated budget autonomy. The regulation regarding tariff agreements indicated under § 46 DW bill, where it is stipulated that Deutsche Welle employees must not be privileged compared with employees of the Bund in a similar situation, is especially contradictory with regard to the aforementioned concept. In this way, Deutsche Welle is in part deprived of its tariff autonomy, to which it is entitled being a public corporation. Stipulating a tariff structure and rates is ultimately the same as supervision by an authority which, however, is expressly excluded by law. According to current law and the new bill, Deutsche Welle is entitled to "the right of self-administration within the limits of the following regulations". Self-administration means, by definition, that an institution is not subject to supervision by an authority.[150] The possibility of self-administration cannot be restricted lawfully in the same law that has granted this self-administration. In addition, the limitation of tariff autonomy would be contradictory to the aim of the bill of strengthening the responsibility of the individual bodies. By limiting the tariff autonomy, the position of the Management Board, which is responsible for tariff agreements, is weakened considerably.

The advantage of budget management for which only general principles are stipulated, is that the autonomy of deciding on the Statutes, an autonomy which also results from freedom of broadcasting, is more pronounced. Financing regulations are a particularly important part of the autonomy to decide on the Statutes. Socially relevant groups, which ultimately support broadcasting stations, are thus given the opportunity to actively contribute to a considerable extent via the Broadcasting Council and

---

[149] Cf. Hartstein/Ring/Kreile/Dörr/Stettner (fn. 4), before § 10 marginal no. 20 and Herrmann (fn. 112), § 13 marginal no. 69 ff.; Bumke (fn. 90), p. 311 ff.

[150] Cf. Maurer, Allgemeines Verwaltungsrecht (General administrative law), 10th ed., § 23 marginal no. 15.

Management Board. Furthermore, these financing regulations have the advantage of taking into account peculiarities of broadcasting in general as well as specific circumstances of the individual broadcasting stations.

The legislator still has a certain margin to choose or reject principles of budget management by legislative stipulation. The provisions of the DW bill are so comprehensive that hardly any scope remains for Deutsche Welle to make decisions regarding its own financing regulations. This situation does not correspond to the implementation and guarantee of an extensive budget autonomy. It is therefore appropriate that the DW bill should establish global financing and otherwise regulate only very few principles of budget management as is the case in the other broadcasting laws and State treaties. Detailed regulations on financing should, in accordance with the budget autonomy, be at the discretion of Deutsche Welle. Accordingly, the deletion of §§ 49–53 DW bill suggested by the Federal Council would correspond to a far greater extent to the constitutional autonomy of Deutsche Welle. Despite the considerable scope of the legislator to make relevant decisions, it remains doubtful, whether the detailed budgetary regulations stipulated in the DW bill can at all be reconciled with the budget autonomy of Deutsche Welle.

IX. Summary

1. Regulating genuine world broadcasting service is part of the legislative competence of the Bund. This assumes that programmes are solely or at least predominantly intended for transmission abroad. Spill overs, i.e. viewing and listening to programmes in Germany, which are technically unavoidable and occur regularly (e.g. with distribution via satellite), are, however, negligible.

2. The legislative competence of the Bund to regulate world broadcasting service is supported by the administrative competence as per Art. 87 GG.

a) The provision under Art. 87 para. 1 sentence 1 GG does not apply to the world broadcasting service. It cannot therefore be concluded on the basis of this regulation that broadcasting abroad is to be operated as part of the Foreign Service under federal administration.

b) The administrative competence of the Bund to organise the world broadcasting service must instead be based on Art. 87 para. 3 sentence 1 GG. On the basis of this provision, the Bund is expressly given the right to make Deutsche Welle a federal public broadcasting corporation with independent rights and organisation.

3. The Federal broadcasting corporation Deutsche Welle is entitled to the basic right of freedom of broadcasting as per Art. 5 para. 1 sentence 2 GG.

a) Deutsche Welle's activities are considered genuine broadcasting and therefore protected by the freedom of broadcasting. The work performed by Deutsche Welle is not governmental public relations work abroad.

b) The programmes of Deutsche Welle have a considerable effect on the forming of an opinion within Germany. Consequently, Deutsche Welle's entitlement to basic rights results already from the freedom of broadcasting as a means to serve the general public. In addition, Deutsche Welle's entitlement to the basic right of freedom of broadcasting is corroborated by its incorporation in the ARD.

c) Freedom of broadcasting as a means to serve the general public also refers to the forming of opinion of individuals. Freedom of speech and information are real human rights and therefore not restricted to the territory of the Federal Republic of Germany. Consequently, the basic constitutional principle of freedom of broadcasting is binding for the Federal Republic's external representation. On these grounds, Deutsche Welle is entitled to basic rights in order to protect itself from infringements on the freedom of broadcasting.

4. On the basis of the basic right of freedom of broadcasting, Deutsche Welle is entitled to a constitutionally stipulated autonomy, which results

both from the requirement of pluralism and the principle of detachment from the State.

5. The requirement of detachment from the State contains an absolute prohibition of State activity in the field of broadcasting. It is therefore prohibited for the Federal Republic of Germany to operate broadcasting stations abroad which are the sole responsibility of the State.

6. The provisions proposed regarding the constitution of the Broadcasting Council (§ 30 DW bill) and of the Management Board (§ 35 DW bill) comply, in their entirety, with the requirement of detachment from the State.

7. The duty of public broadcasting to provide basic information does not describe the functions of Deutsche Welle. The basic provision of information regards the question of obligations and duties of the public sector in the dual system of organisation system in Germany.

8. The duties of Deutsche Welle in respect of its overall programme are determined by the legislator. Within the legislative limits, Deutsche Welle is, however entitled to the autonomy to select programmes. In addition, the legislator may stipulate certain conditions for the fulfilment of Deutsche Welle's duties regarding the overall programme, because of the particular duties of Deutsche Welle. The increasing integration of the Federal Republic of Germany at an international level and the associated increase in diversification of foreign policy, must also be taken into account.

a) The above circumstances have all been considered successfully by the provisions under § 4 para. 1 DW bill. The increasing diversification of foreign policy is considered in that § 4 para. 1 DW bill assigns the task of portraying public reactions in Germany as well as those of the major state and social forces to Deutsche Welle, and no longer only expecting the view prevailing in Germany on important questions.

b) Furthermore, the provisions proposed under § 7f. DW bill take into account that autonomy to select programmes comprises the making of programmes as well as the further use of own radio and television productions. § 13 DW bill considers that freedom of broadcasting also covers informing the general public about the content of programmes by means of an own press.

9. Even though Deutsche Welle is not entitled to a guarantee of its existence or development, freedom of broadcasting is to be observed when determining the method of financing.

a) Deutsche Welle is entitled to adequate financing that will ensure the fulfilment of its function for the duration of its existence. The obligation to guarantee sufficient funds comprises what is "necessary" for ensuring the functional fulfilment. The relevant variable is thereby the overall programme of the broadcasting station.

b) Financing by a system of licence fees cannot be considered in the case of Deutsche Welle, irrespective of its precise legal status, because of the implications of licence fees, for the overall activity of broadcasting in Germany.

c) A federal subsidy from the Bund is an admissible and appropriate means to achieve adequate financing that will ensure a fulfilment of Deutsche Welle's function. Alongside the annual federal subsidy, other possibilities of income, in particular advertising and sponsoring, should be made available to Deutsche Welle. It must, however, be considered that other income is hardly appropriate to contribute to a considerable extent to adequate financing of Deutsche Welle.

10. The procedure proposed under § 44 DW bill for determining the amount of the subsidy from the Bund must be improved.

a) The substantive criterion of § 43 DW bill could hardly be more precise, nevertheless the provisions of the Federal Constitutional Court would be far better complied with if the annual subsidy would, as proposed by the Federal Council, be paid as an aggregate amount, i.e. if global financing was provided.

b) § 44 para. 2 DW bill stipulates appropriately that Deutsche Welle's budget shall form the basis for determining the amount of the subsidy.

11. Regulations on budget management should, in accordance with Deutsche Welle's budget autonomy and autonomy to decide on its Statutes differ from the provisions under §§ 43–53 DW bill, and be regulated on the basis of Deutsche Welle's own financing regulations. Only a few principles of budget management should be stipulated in the DW bill. § 46 DW bill, in particular, should be deleted without replacement, because it not only restricts the tariff autonomy of Deutsche Welle, which is guaranteed as part of the budget autonomy, but also limits the competence of the Management Board in an unjustifiable way.